Bibliothek
Arabischer Erzähler

Ägypten im Jahr 1516: Der letzte Mamluken-Herrscher Sultan Quansauh al-Ghûrî fällt in einer Schlacht gegen die Osmanen. Mit ihm geht die mehr als 250 Jahre dauernde Herrschaft der Mamluken (Militärsklaven, die nach der Freilassung zu höchsten Staatsämtern aufsteigen konnten) zu Ende. Ibn Iyâs, der Autor der »Alltagsnotizen«, hat diesen wichtigen Abschnitt ägyptischer Geschichte als Augenzeuge miterlebt und niedergeschrieben, was ihm berichtenswert schien. Der vorliegende Band stellt eine Auswahl aus dem umfangreichen Werk Ibn Iyâs' dar. Seine Berichte schildern nicht nur die großen geschichtlichen Ereignisse, sondern auch viele Episoden aus dem Alltagsleben im Kairo des 16. Jahrhunderts: vom Leben (und Sterben) der Vornehmen, der Mächtigen und des Volkes, von Politik und höfischem Skandal, von Prunk und bitterer Not. Ägypten und Kairo vor mehr als 450 Jahren – eine authentische und fesselnde Geschichts- und Geschichtensammlung.

Herausgeberin und Übersetzerin
Dr. Annemarie Schimmel ist Professor für Indo-Muslim Culture an der Harvard University und Ehrendoktor der Universitäten von Sind und Islamabad. Sie ist durch zahlreiche Veröffentlichungen zur islamischen Geistesgeschichte und Übersetzungen aus den islamischen Literaturen bekannt geworden.

Die »Bibliothek Arabischer Erzähler« besteht aus zehn Bänden. Außer dem vorliegenden Band sind als Goldmann-Taschenbücher lieferbar:

Ibn Ishâq, Das Leben des Propheten (8773)
Abu l-Faradsch, Und der Kalif beschenkte ihn reichlich (8774)
Al-Mas'ûdî, Bis zu den Grenzen der Erde (8775)
Usâma ibn Munquidh, Ein Leben im Kampf gegen Kreuzritterheere (8776)
Al-Hamadhânî, Vernunft ist nichts als Narretei (8777)
Löwe und Schakal – Altarabische Fabeln (8778)
Ibn Challikân, Die Söhne der Zeit (8779)
Ibn Dschubair, Tagebuch eines Mekkapilgers (8780)
Al-Qazwînî, Die Wunder des Himmels und der Erde (8781)

Ibn Iyâs

ALLTAGSNOTIZEN EINES ÄGYPTISCHEN BÜRGERS

Aus dem Arabischen übertragen
und bearbeitet von
Annemarie Schimmel

Goldmann Verlag

Bibliothek Arabischer Erzähler
begründet von Gernot Rotter

Umschlagbild: Titelminiatur des Gulsan-i-Raz
(»Rosengarten der Geheimnisse«) des Mahmud Sabistari.
Persisch, datiert 994/1586

Der Goldmann Verlag
ist ein Unternehmen der Verlagsgruppe Bertelsmann

Made in Germany · 12/88 · 1. Auflage
Genehmigte Taschenbuchausgabe
© 1985 Edition Erdmann in K. Thienemanns Verlag, Stuttgart
Umschlaggestaltung: Design Team München
Umschlagfoto: Bildarchiv Preußischer Kulturbesitz, Berlin
Druck: Elsnerdruck, Berlin
Verlagsnummer: 8782
Au · Herstellung: Heidrun Nawrot
ISBN 3-442-08782-1

Inhalt

Einführung der Herausgeberin

»...er war hochgewachsen, grobschlächtig, mit dickem
Bauch, von weißer Farbe, mit rundem Gesicht, fettumgebe-
nen Augen und einer dröhnenden Stimme. Er hatte einen
rundgeschnittenen Bart mit noch kaum grauen Haaren. Er
war ein majestätischer, würdevoller König, der bei seinen
Audienzen Respekt und Verehrung einflößte und den man
gerne ansah. Und wären nicht seine Grausamkeit und die
vielen Konfiskationen gewesen, die er seinen Untertanen
auferlegte, so wäre er der beste der zirkassischen Könige
gewesen, ja, der beste Herrscher Ägyptens überhaupt!«

So beschreibt Ibn Iyâs in seinem Nachruf den Herrscher,
der, wie so viele seiner Soldaten, im Spätsommer 1516 in der
Schlacht von Mardj Dâbiq, nördlich von Aleppo, gegen die
übermächtigen Osmanen gefallen war.

Mit Qansauh al-Ghûrî ging die mehr als 250jährige Mamluken-Herrschaft über Ägypten und Syrien zu Ende. »Mut
zeigt auch der Mameluck« – denn die Mamluken waren
Militärsklaven, die zum Waffendienst gekauft wurden und
dann, freigelassen, zu den höchsten Ämtern im Staate aufsteigen konnten. Dieses System war schon früh in der islamischen Welt bekannt, und ein halbes Jahrhundert bevor die
Mamluken in Ägypten an die Macht kamen, war das Reich
der indischen »Sklavenkönige« in Delhi ebenfalls durch den
Aufstieg türkischer Militärsklaven entstanden.

Ägypten, 639 bis 641 von den muslimischen Arabern erobert, dann zunächst Teil des omayyadischen Reiches und
seit 750 des abbasidischen Kalifats von Bagdad, wurde bald

durch eigene Statthalter regiert, die dem Kalifen in Bagdad verantwortlich waren: Von der Kultur der türkischen Tuluniden (868–905) zeugt noch die Ibn-Tulun-Moschee. 969 wurde das Land von den aus Nordafrika kommenden Fatimiden eingenommen, einer schiitischen Dynastie, aus der die heutigen Ismailis hervorgegangen sind, wie auch die Drusen Anhänger des »vergöttlichten« Kalifen al-Hâkim (996–1021) waren. Die Fatimiden waren es, die die Stadt Kairo nahe dem alten Fustat erbauten und auch die Al-Azhar-Moschee gründeten, die heute ein Zentrum des orthodoxen Islams ist. 1171 wurde die Dynastie von den Ayyubiden abgelöst, deren Herrscher Saladin wegen seiner Weisheit und Humanität auch im christlichen Abendland gepriesen wurde; er baute die südlich der Fatimidenstadt auf einem Hügel liegende Zitadelle aus. Am Ende der Ayyubidenherrschaft heiratete Schadjarat ad-durr ihren führenden Mamluken Aibek (1250), und nach ihrer Ermordung konsolidierte sich das Mamlukenregime.

Mit dem Sieg gegen eine mongolische Vorhut im syrischen 'Ain Djalût erwiesen sich die Mamluken, geführt vom Feldmarschall und späteren Sultan Baibars, als erste Macht, die den Mongolen Widerstand entgegensetzen konnte; dadurch wurden sie zu einem wichtigen Faktor in der nahöstlichen Politik, und Ägypten konnte eine nicht durch mongolische Einbrüche gestörte kulturelle Entwicklung genießen. Gesichert wurde die Stellung der Mamluken dadurch, daß Baibars einen angeblichen Nachkommen des von den Mongolen in Bagdad getöteten letzten abbasidischen Kalifen aufnahm, der ihrer Regierung Legitimität verlieh. Wenn auch der Kalif völlig von der Gnade des Sultans abhing und ein ziemlich schäbiges Leben führte, wandten sich in den folgenden Jahrhunderten doch noch immer einige Könige, vor allem aus Indien, mit der Bitte um Legitimierung ihrer

Stellung an ihn. Nach der osmanischen Eroberung wurde er von Sultan Selim mit nach Istanbul genommen.

Baibars, der Sieger von 'Ain Djalût, kämpfte ununterbrochen in Syrien und Kleinarmenien gegen die Templer und Johanniter und gegen die syrischen Assassinen, wandte sich aber auch an die südlichen Grenzen des Landes, um sie zu konsolidieren, und gliederte Nubien an. Ihm verdankt Ägypten ein gut funktionierendes System der Pferdepost, und er setzte erstmals je einen Oberqadi für die vier orthodoxen Rechtsschulen ein, wobei der schafiitische und der hanafitische Qadi die wichtigste Stellung einnahmen. Das Leben des Baibars, den der mamlukische Historiker Maqrîzî in seinem unschätzbaren *Khiṭaṭ* als »einen der besten Herrscher, der je über Muslime regiert hat«, bezeichnet, hat auch die Volksphantasie angeregt und ist in einem ägyptischen Volksbuch verarbeitet worden. Nach Baibars' Tode (1277) folgten unfähige Söhne, dann der qiptschaq-türkische Sultan Mansur Qalaûn, der die kriegerischen Aktivitäten seines großen Vorgängers wieder aufnahm, aber auch Handelsbeziehungen mit europäischen Mächten sowie mit Jemen und dadurch mit Indien anknüpfte. Neben zahlreichen unbedeutenden Herrschern in der Folge ist vor allem sein Sohn Nâsir Muhammad zu erwähnen, der dreimal regierte, das letzte Mal von 1311 bis 1341. Unter ihm herrschte meist Frieden; die Künste und Wissenschaften blühten. Einige der schönsten Glas- und Metallgefäße der islamischen Kunst entstammen dieser Periode. Nach Muhammad ibn Qalaûn regierten seine acht Söhne, davon zweimal Hasan; die von ihm errichtete Moschee nahe der Zitadelle gilt noch heute als eines der Glanzstücke mittelalterlicher Architektur in Kairo. Doch innere Unruhen und Fraktionsstreitigkeiten wurden stärker, und 1382 beginnt mit Sultan Barqûq eine neue, die sogenannte zirkassische Ära.

Die damit zu Ende gegangene erste Phase der Mamluken-herrschaft wird auch als die der *Bahrî*-Mamluken bezeichnet, da die erste Kaserne auf der Insel Rôda im Nilstrom, *bahr,* gelegen war; die folgenden Mamluken sind als *Burdjî* bekannt, weil sie in den Türmen, *burdj,* der Zitadelle kaserniert waren. Barqûqs erste Jahre sind von dramatischen inneren Kämpfen erfüllt, ebenso von Schwierigkeiten mit den Statthaltern in Syrien, die immer einen Hang zur Unabhängigkeit hatten. Das Reich dehnte sich damals weit nach Kleinasien hinein aus, und hier entstanden gefährliche Reibungsflächen mit turkmenischen Gruppen und später mit den Osmanen.

1399 übernimmt Barqûqs elfjähriger Sohn Faradj die Macht; es wird »die schrecklichste und blutrünstigste Zeit« in der Mamlukengeschichte. Der zentralasiatische Eroberer Timur nimmt Aleppo und Damaskus im Jahre 1400 ein; einer seiner Verhandlungspartner auf mamlukischer Seite war der berühmte Historiker Ibn Khaldûn. Hungersnöte erschweren die Lage. In Nordwest-Iran nimmt die Macht der schiitischen Turkmenen vom Schwarzen Hammel, Qaraqoyunlu, zu, am oberen Euphrat in Ostanatolien die der Turkmenen vom Weißen Hammel, der Aqqoyunlu.

Während unter den Bahrî-Mamluken in der Regel der Sohn, oder auch mehrere Söhne, auf den Vater folgte, ist dies in der Burdjî-Zeit eine Ausnahme. Falls Sultanssöhne an die Macht kommen, regieren sie immer nur kurze Zeit und werden dann durch einen von den Mamluken gewählten Emir ersetzt. Unter den Herrschern des 15. Jahrhunderts ist Aschraf Barsbay (1422–1438) zu erwähnen, der einen erfolgreichen Krieg gegen Zypern führte und eine Finanzreform durchführte, von der noch das hochwertige Goldstück, der *aschrafî,* bis zum Ende der Mamlukenzeit im Umlauf war. Auch Djaqmaq (1438–1453) wird als recht frommer

Herrscher gepriesen; in seiner Regierungszeit versuchte der Timuride Schâh Rukh nochmals, seine umfassenden Herrschaftsansprüche über die Muslime dadurch zu manifestieren, daß er den *maḥmal,* der die kostbare Decke der Kaaba nach Mekka bringt, schicken wollte, was – bis auf diese eine Ausnahme – immer das Privileg der ägyptischen Herrscher gewesen war.

Nach einem raschen Wechsel von Herrschern tritt dann mit Aschraf Qaitbay (1468–1496) noch einmal ein Sultan auf, der Ägypten für fast dreißig Jahre den Stempel seiner Persönlichkeit aufdrückte. In seiner Regierungszeit verschärften sich die Spannungen mit den Aqqoyunlu-Turkmenen und ihrem Führer Uzun Hasan, der Schaikh Djunaid von dem schiitischen Heiligtum in Ardabil zum Schwiegersohn genommen hatte – sein Enkel war Ismail, der Begründer der Safaviden-Dynastie in Iran, der unter Qansauh als »der Sophi« eine gefährliche Macht im Osten darstellte. Auch die Beziehungen zwischen Ägypten und den Osmanen, die 1453 Konstantinopel erobert hatten, waren zu Zeiten gespannt, vor allem, als Sultan Qaitbay Prinz Djem im Jahre 1482 aufgenommen hatte, der seinem Bruder Bâyezîd II. den Thron streitig machte und später ein Opfer der großen Politik wurde; er starb 1495 in Neapel an Gift. 1491 wurde jedoch ein Abkommen mit den Osmanen geschlossen, nachdem Özbek min Tutukh, der Bauherr der Ezbekiyya in Kairo, eine osmanische Truppe kurz zuvor bei Kaiseri geschlagen hatte.

Qaitbay, als Erbauer schöner Architektur berühmt, erscheint in der Zeit Qansauh al-Ghûrîs immer wieder als das Ideal eines guten Herrschers, dessen Handlungsweise seine Mamluken dem jetzigen Herrscher als Modell vorhalten. Aber Qaitbay wußte auch, weshalb er seinen kleinen ungezogenen Sohn für eine Zeitlang in der Mamlukenkaserne erziehen ließ: Als Nâsir Muhammad nach dem Tode seines greisen Vaters 1496 als Halbwüchsiger an die Macht kommt, führt er ein so lasterhaftes Leben und ist derart grausam, daß er schließlich von den Emiren beseitigt wird. Die bittere Feindschaft zwischen dem Atabeg Qansauh Fünfhundert und dem Emir Aqbirdi verstärkt die Spannungen im Mamlukenlager. Nach Nâsir Muhammads Tod besteigt im Oktober 1498 sein Oheim, der 25jährige Bruder seiner Mutter Asal Bay, als Zâhir Qansauh den Thron; schon im Juni 1500 wird er von Aschraf Djanbulat abgelöst. Der Statthalter von Damaskus, Qosrauh, rebelliert, und der Emir Tuman Bay zieht aus, ihn zu bekämpfen, ruft sich aber selbst Anfang 1501 in Syrien zum Sultan »al-'Âdil« aus – ein Motiv, das sich in der Mamlukengeschichte oftmals wiederholt. Sultan Djanbulat wird nach Alexandrien verbannt und dort auf Befehl 'Âdils ermordet, und der vorher beim Volke so beliebte 'Âdil Tuman Bay läßt sich zu immer neuen Grausamkeiten hinreißen. Inzwischen hat auch Qansauh Fünfhundert versucht, sich zum Sultan zu machen, verschwindet aber, ohne daß man weiß, ob er noch lebt oder nicht. In der Unruhe des April 1501 muß auch 'Âdil Tuman Bay seinen Platz räumen; er geht in die Versenkung – und damit beginnt die Geschichte Qansauh al-Ghûrîs, der nach einer langen und bis dahin ziemlich ereignislosen Karriere plötzlich als alternder Mann gegen seinen Willen zum Herrscher wird.

Wie erklärt sich ein solcher Aufstieg? Und wie war die Schicht aufgebaut, aus der sich Emire und Sultan rekrutierten?

Ein spezieller Emir, der »Mamlukenkaufmann«, pflegte regelmäßig auszureisen, um junge Männer einzukaufen, vorzugsweise Türken aus Südrußland; doch befanden sich auch zahlreiche Tscherkessen (Zirkassier) und andere Kaukasier darunter. Hin und wieder erwarb er Mongolen, manchmal waren es Angehörige anderer Völker, die mehr oder minder durch Zufall gekauft wurden oder auch aus anderen Armeen übergelaufen waren; Sultan Lâdjîn (1296–1299) soll z. B. ein Deutscher gewesen sein, andere Herrscher waren von griechischer Abkunft.

Die Preise für die Mamluken waren sehr unterschiedlich; Emir Qansauh Fünfhundert *(Khamsmi'a)* erinnert durch seinen Beinamen noch an die 500 Dinar, die für ihn gezahlt wurden. Der Sultan wählte für sich die vielversprechendsten Mamluken aus; der Rest wurde an die Emire verkauft. Es scheint, daß dabei manchmal die Namen der Neuankömmlinge geändert wurden: anders sind die Häufungen bestimmter Namen zu gewissen Zeiten kaum zu deuten. Die Namen sind oft türkisch: Demirdasch, »Eisen-Stein«, Timurbugha, »Eisen-Stier«, Altunbugha, »Gold-Stier«, Urkmas = Ürkmes, »Er scheut sich nicht«, u. ä.; oft aber sind sie nicht zu identifizieren und daher auch nicht korrekt zu vokalisieren. Das erklärt die vielen verschiedenen Namensformen in Werken über die Mamluken. Viele Mamluken trugen auch einen Beinamen arabischer oder türkischer Herkunft, wie etwa *ûschqûlâq* = türkisch *üç kulak,* »Drei-Ohr«, oder *nisf wadjh,* »Halbgesicht«, *al-fahlawân,* »der Ringkämpfer«, oder *dadjdjâdj,* »Huhn«.

Die Mamluken des Sultans wurden in den Kasernen erzogen, lernten die Grundlehren des Islam und Kriegskünste. Je eine Gruppe junger Leute unterstanden einem *âghâ* als *inî,* »jüngere Brüder«. Nach einer gewissen Zeit wurden sie freigelassen – meist in Gruppen von hundertfünfzig bis dreihundert – und erhielten Pferd und Uniform. Sie wurden dann mit dem vom Ehrennamen ihres Sultans abgeleiteten Beinamen bezeichnet: *al-aschrafî* von Sultan Aschraf (Qaitbay, Djanbulat), *al-'âdilî* von Sultan 'Âdil (Tuman Bay)

13

usw. Jede dieser Gruppen hielt eng zusammen; sie waren *khuschdasch,* das ist *khodjâdâsch,* »die einen gemeinsamen Meister haben«, also gewissermaßen Familien-Mitglieder. Die Willenskundgebungen dieser Gruppen waren oft entscheidend für die Politik des Herrschers. Je länger ein Sultan regiert hatte, um so stärker war natürlich sein Mamlukenkorps: deshalb spielten noch unter Qansauh al-Ghûrî die Mamluken Qaitbays eine so wichtige Rolle. Die neuen Mamluken des Sultans, die in den Kasernen lebten, werden als *djulbân* bezeichnet, die alten Mamluken früherer Herrscher als *qarâniṣa.* Sie alle bekamen einen monatlichen Sold sowie Extrazuteilungen für Feldzüge und beim Thronwechsel (um sie mit dem neuen Sultan vertraut zu machen), ferner Fleischrationen und Pferdefutter. Viele hatten Lehen, deren Einkünfte je nach Rang abgestuft waren; der höchste Emir hatte rund 200 000 Dinar Einkünfte, ein bessergestellter Reservist vielleicht 250 Dinar. Lehen in Syrien galten etwa zwei Drittel soviel wie die in Ägypten.

Waren die Mamluken freigelassen, so wurden sie in verschiedenen Funktionen verwendet, etwa als Schenk, als Arsenalangestellter, im Büro des Sultans u. ä. Eine besondere Rolle spielten die *khâṣṣkî,* die Nobelgarde. Aus denen, die sich irgendwie hervortaten, wurden dann die Emire ernannt, deren es drei Stufen gab: Zehner-Emire, die zehn eigene Mamluken haben durften; dann Vierziger-Emire mit vierzig eigenen Mamluken. Sie werden als *ṭablkhâna*-Emire bezeichnet, weil sie das Recht hatten, Trommel *(ṭabl)* und Pfeifen an ihrer Pforte spielen zu lassen. Die höchste Stufe war die der Tausender-Emire, die theoretisch hundert eigene Mamluken besaßen, aber im Kampfe eine Tausendschaft befehligten. Es sollte von ihnen vierundzwanzig geben, der Idealzahl von vierundzwanzigtausend Mamluken und Reservisten entsprechend. Doch schwankte die Zahl der Mamluken; sie vergrößerte sich durch neue Käufe, wurde aber häufig durch die Pest drastisch vermindert.

Aus den Tausender-Emiren rekrutierten sich die großen Amtsträger: der *atâbeg,* der Oberkommandierende und ursprüngliche Stellvertreter des Sultans; der *amîr silâḥ* oder Waffen-Emir, dem Arsenal und Rüstungswesen unterstanden; der *amîr madjlis,* »Sitzungs-Emir«, von dem kaum die Rede ist und der meist mit der inneren Verwaltung beauftragt gewesen sein dürfte; auch Ärzte unterstanden ihm. Der *ḥâdjib al-ḥudjdjâb* oder Großkämmerer war für die Militärgerichtsbarkeit verantwortlich; der *ra's naubat an-nuwwab* hatte die verschiedenen Garden unter sich; der *amîr akhûr kabîr* oder Groß-Stallmeister war der »Marschall« (im alten Sinne), dem der Marstall und alles, was mit Tieren zu tun hatte – von der Falknerei bis zu den Tierärzten –, unterstand; schließlich der *dawâdâr* oder »Tintenfaßhalter«, ursprünglich der Staats-Sekretär, der aber auch andere Obliegenheiten hatte und dessen Amt im Laufe der Zeit immer wichtiger wurde. Jeder dieser Emire war ein kleiner Sultan, der wiederum Kämmerer, Sekretäre, Stallmeister usw. besaß. Aus den Tausender-Emiren wurden der Statthalter von Damaskus und später auch der von Aleppo gewählt, während die meisten anderen Statthalterschaften von Emiren etwas niedrigeren Ranges besetzt wurden.

Die Mamluken eines Emirs wurden gelegentlich vom Sultan gekauft; sie gingen in jedem Fall, wie alle seine Güter, nach seinem Tode in den Besitz des Sultans über, trugen aber den Namen ihres ersten Besitzers in einer besonderen Form, nämlich Yaschbek *min* Mahdi, »von« Mahdi, wenn Mahdi Yaschbeks erster Besitzer gewesen war. Diese *saifiyya-*Mamluken waren dem Sultan gegenüber nicht so loyal wie seine eigenen Truppen und handelten nach dem Sprichwort: »Wer meine Mutter heiratet, den nenne ich Vater.«

Qansauh al-Ghûrî verärgerte die Sultansmamluken dadurch, daß er zusätzlich zu den ursprünglichen vier Kasernen noch eine fünfte errichtete, in der zusammengewürfeltes Volk untergebracht wurde, das sonst höchstens zu den Reservetruppen, nicht aber zu den Elite-Soldaten gehörte. Diese Reservetruppe wurde als *adjnâd al-ḥalqa* bezeichnet. Und während sich die Mamluken früher nicht unters Volk mischen durften, konnten sie später nach ihrer Freilassung heiraten; doch wurden ihre Nachkommen nicht wieder in den Sultansdienst und Mamlukenrang aufgenommen; sie blieben bei der Hilfstruppe oder wandten sich zivilen Berufen zu.

Innerhalb der ursprünglich streng gegliederten Hierarchie der »Türken«, wie die Mamluken oft genannt werden, waren Titel, Anreden, Formate der ihnen zukommenden oder von ihnen ausgehenden Schreiben genau vorgeschrieben, wie wir aus Qalqaschandis bewundernswürdigem Handbuch für die Staatskanzlei aus dem frühen 15. Jahrhundert erfahren. Auch trugen eine ganze Anzahl von Emiren Wappen, die sich zum Teil auf ihren Beruf, zum Teil auf ihren Namen bezogen: Ein als Schenk beginnender Emir konnte einen Pokal im Wappen haben, ein *dawâdâr* ein Tintenfaß, ein für das Polospiel verantwortlicher Mamluk zwei Polostöcke; Sultan Barsbay zeigte in Anspielung auf seinen Namen, *bars*, »Panther«, ein löwenähnliches Tier im Wappen.

Zwischen der Militärkaste und den Zivilbeamten lag eine deutliche Trennwand, wenn auch den Zivilbeamten eine Reihe von wichtigen Posten in der Zitadelle offenstanden, wie etwa das Amt des Intendanten der Privatschatulle des Sultans, des Zahlmeisters der Mamluken und ähnliche Ämter, die für den Ablauf des täglichen Lebens wichtig waren. Auch der Marktprovost gehörte dazu, und manchmal wurden auch der Majordomus *(ustâdâr)* und der Wezir von einem Zivilisten gestellt. Dem Großdawâdâr auf der militärischen Seite entsprach der Geheimsekretär, der Chef der Staatskanzlei, im zivilen Bereich. Am höchsten standen die vier Oberqadis, die eine große Menge von Vertretern und Hilfsrichtern hatten und denen im allgemeinen auch die Aufsicht über die Frommen Stiftungen *(waqf)* oblag. Doch selbst in ihre Aufgaben mischte sich der Sultan manchmal ein, und unabhängiges Urteil war eine Seltenheit bei den meisten Richtern.

Zwischen den Mamluken und dem ägyptischen Volk aber gab es eine tiefe Kluft, die allein schon durch die Sprache bedingt war. Unter den Soldaten wurde meist türkisch, gelegentlich auch tscherkessisch gesprochen, und das Arabisch vieler Emire war bestenfalls »dem Korrekten nahe«. Sultan Ghûrî schrieb, wie schon Sultan Qaitbay, türkische Gedichte, während die arabischen Aussprüche, die Ibn Iyâs von ihm zitiert, nicht gerade viel Kenntnis der Grammatik zeigen. Trotzdem war auch die spätere Mamlukenzeit noch eine Periode, in der zahlreiche interessante arabische Werke verfaßt wurden; der hervorragendste Vertreter der theologischen Wissenschaften war as-Suyûtî, aus dessen mehr als sechshundert Werken einige noch heute wichtig sind.

Die Trennung zwischen Militärschicht und Volk wird schon durch die Lokalität verdeutlicht: Das Leben des Sultans spielte sich zum größten Teil auf der Zitadelle ab, von der er Kairo überblicken konnte, wo die Emire ihre prunkvollen Häuser hatten und wo das tägliche Leben in den engen Straßen ablief, hin und wieder gestört durch Überfälle ungebärdiger Jung-Mamluken, die von ihren Kasernen auf der Zitadelle hinabstiegen.

Unterhalb der Zitadelle, gen Süden, erstreckte sich das Gräbergebiet der Qarâfa, das der Sultan in frommen Anwandlungen gelegentlich besuchte; nördlich des Burghügels war die Ramla, der Rumaila-Platz, wo sich die Ställe der Mamluken befanden. Zur Stadt führte die Salîba, die an der – merkwürdigerweise von Ibn Iyâs kaum erwähnten – Sultan-Hasan-Moschee vorbei zur Ibn-Tulun-Moschee und ihren Märkten führte und auf den alten Kanal stieß, der vom Nil aus in nordöstlicher Richtung durch die Stadt ging. Sultan Qansauh baute den Platz nahe der Moschee unterhalb der Zitadelle zu einem großartigen Hippodrom aus, in dem Festversammlungen, Empfänge und andere feierliche Ereignisse stattfanden. Hier gab er sich seinem großen Vergnügen hin, Gärten anzulegen und den Anblick blühender Blumen zu genießen, und hier ließ er die Mamluken vor ausländischen Gesandten ihre atemberaubenden Lanzenspiele vorführen, die vergessen ließen, daß das Heer sich mit so modernen Erfindungen wie Feuerwaffen kaum abgab.

Qansauh al-Ghûrî, leidenschaftlicher Bauherr, legte auch eine Moschee und die dazugehörigen Bauten in der Mitte der Stadt, im Viertel der Tarbusch-Hersteller, *scharâbî-schiyyîn,* an. Um dorthin zu gelangen, mußte man von der Zitadelle nach Norden, entlang dem Darb al-ahmar, reiten und dann durch das altehrwürdige Stadttor Bâb Zuwaila in den fatimidischen Stadtkern eintreten. Das Bâb Zuwaila wurde allerdings häufig zweckentfremdet, indem dort Verbrecher, oder zumindest die Köpfe von Verbrechern, aufgehängt wurden.

Ein gutes Stück nördlich der eng besiedelten Altstadt erstreckte sich das elegante Ezbekiyya-Viertel, von dem einflußreichen Emir Özbek min Tutukh zur Zeit Qaitbays gegründet.

Das Leben des Sultans und der ihm Nahestehenden war nach festen Regeln organisiert, die freilich hin und wieder durch Meutereien der Mamluken unterbrochen wurden.

Am Freitag wurde in der Moschee der Zitadelle das Freitagsgebet in feierlichem Aufzug gehalten, wozu die Emire zu erscheinen hatten. Zu Beginn jeden Monats stiegen der Kalif und die vier Oberqadis zur Zitadelle hinauf, um dem Sultan ihre Glückwünsche darzubringen. Im dritten Mondmonat, dem Rabî'al-awwal, feierte man im Zitadellenhof den Geburtstag des Propheten; das geschah am 11., nicht, wie sonst üblich, am 12. des Monats; an die Würdenträger wurden Geschenke verteilt.

Im siebenten Mondmonat, dem Radjab, wurden der gestickte Bezug für die Kaaba in Mekka und die reich geschmückte Sänfte, der *maḥmal,* durch Kairo geführt. Qansauh al-Ghûrî führte den für einige Jahrzehnte abgeschafften feierlichen Umzug des *maḥmal* durch Kairo wieder ein, bei dem die Lanzenspieler vorausritten und allerlei Spaßmacher, genannt *'ifrît al-maḥmal,* auftraten und ihre Scherze zeigten.

Später, beim Auszug der Pilger vom Pilger-Teich, fanden sich oft ausländische Pilgergruppen ein, vor allem solche aus dem Maghreb, die manchmal vom Sultan besonders versorgt wurden und wohl auch Geld für Zwieback bekamen.

Zu Beginn des Fastenmonats Ramadân wurden die Lebensmittelvorräte »auf den Köpfen von Trägern« vor den Sultan gebracht, doch bedauert unser Chronist, daß der früher übliche feierliche Umzug des Wezirs bei dieser Gelegenheit nun abgeschafft sei. Während des Fastenmonats pflegten die Emire oft mit dem Sultan das abendliche Mahl des Fastenbrechens einzunehmen, und in der Zitadelle wurde die Sammlung von Überlieferungen des Propheten, der *Ṣaḥîḥ* des Bukhari, ganz vorgelesen. Zum Fest des Fastenbrechens gab es dann Ehrenkleider.

Beim Pilgerfest im letzten Mondmonat verteilte der Sultan Opfertiere an seine Mamluken und an eine große Anzahl von Beamten und Versorgungsempfängern, wie auch an Theologen und an Fromme, die an Heiligengräbern oder in ihren Klausen hausten. Sie alle waren in den Listen der verschiedenen Büros namentlich aufgeführt. Am Ende dieses Monats, spätestens aber zu Beginn des Muharram, harrte man sehnlich auf die Ankunft des Boten, der die Nachrichten über den Verlauf der Pilgerfahrt bringen sollte: ob die Pilger ihr Ziel ohne Unfälle erreicht hatten oder ob sie den aufständischen Beduinen und streitenden Mekkanern in die Hände gefallen waren.

Fast ebenso wichtig wie die islamische Zeiteinteilung war aber die Zeitmessung nach den koptischen Monaten, d. h. dem Sonnenjahr. Anfang Mai (Bashans) pflegte der Sultan sein Wollgewand offiziell abzulegen und gegen ein Baumwollgewand zu vertauschen; Anfang November (Hatur) geschah das Umgekehrte. Etwa gleichzeitig mit dem Wechsel des Gewandes im Mai begann das Polospiel, das etwa zwei Monate in der Zitadelle gespielt wurde. Die Soldaten erhielten ihre Sommer- bzw. Winterausrüstung zur gleichen Zeit, manchmal in feierlichem Aufzug.

Gewisse Heiligenfeste folgten ebenfalls dem Sonnenjahr, so der Jahrmarkt zu Ehren Ismâ'îl al-Inbâbîs, ein altes Schifferfest im Mai–Juni.

Natürlich stand im Zentrum des Lebens der Nil, dessen Steigen von Tag zu Tag beobachtet wurde, bis er Anfang Mesori, August, so hoch gestiegen war, daß der Deich zum Kanal feierlich vom Atabeg durchstochen werden konnte. Die Höhe des Stromes, die am Nilometer in Rôda abgelesen wurde, wurde jedes Jahr vom Chronisten genau vermerkt, hing doch von ihr die Fruchtbarkeit des Landes ab – und ein »geiziger« Nil bedeutete Hunger und Teuerung.

Der Nilometer war aber auch außerhalb der Hochwassersaison ein beliebtes Ausflugsziel, an dem sich besonders Sultan Qansauh al-Ghûrî gern aufhielt und wo er seine Emire festlich bewirtete. Qansauh hatte überhaupt eine Schwäche für Ausflüge und große Feste, was die Mamluken mehrfach anreizte, gegen seine Verschwendungssucht zu meutern. Aber bei Ausflügen, wie etwa ins Fayyum, nach Gizeh oder nach Alexandrien, erhielt er ja auch wieder reiche Geschenke, die natürlich nicht ganz freiwillig von den Lehnsbesitzern jener Gebiete herbeigebracht wurden ...

Kehrte der Sultan zurück oder gab es irgend etwas zu feiern, so wurde Kairo geschmückt: Kerzen und Leuchter wurden in den Läden aufgehängt und aufgestellt, phantasievolle Gebilde, wie Gestelle mit Pflanzen und Schleiern oder solche in Tierform, zierten Türen und Balkons, während die Frauen mit den typischen, aus der Kehle hervorgebrachten Freudenlauten *(zaghârît)* trillerten. Die bevorzugte Festfarbe war goldgelb; das war, wie in Zentralasien, die eigentliche Farbe des Herrschers, der auch gern unter einem gelbseidenen Baldachin saß.

Bei allen festlichen Gelegenheiten verlieh der Sultan Ehrenkleider, wie auch jede Ernennung in ein Amt mit der Verleihung eines Ehrenkleides verbunden war, also eine echte »Investitur« darstellte. Ibn Iyâs nennt am häufigsten unter den Ehrenkleidern die *kâmiliyya* oder *kâmila,* die üblicherweise aus rotem Samt war, mit Zobel besetzt. Doch die genaue Form dieses Gewandes – vielleicht ein loser Überwurf – kann nicht mehr rekonstruiert werden. Für hochrangige Gesandte oder Minister gab es natürlich Varianten, wobei als vornehmstes Ehrenkleid der »doppelte *mutammar*-Atlas« genannt wird, der mit Goldstickerei versehen war; unter den Arten der Stickerei war die sogenannte Yilbughawi-Arbeit die aufwendigste.

Im normalen Leben trugen die Mamluken beim Ausgang

meist eine *mallûṭa,* einen losen Mantel mit sehr weiten Ärmeln, der als typisch für die späteren zirkassischen Mamluken galt und offenbar das frühe Gewand mit engen Ärmeln, die *tatariyya,* abgelöst hatte. Auf dem Kopf trug man früher eine *kalûta* oder *kalafta,* eine ziemlich hohe, brokatgestickte Mütze, aber zu Ghûrîs Zeit in der Regel die sogenannte *takhfîfa,* die ursprünglich eine »leichtere« Kopfbedeckung war, nämlich eine Kappe mit einem leichten Tuch darum, aber immer mehr an Größe zunahm, bis die Emire sich sogar lange Hörner daran machten. Die große *takhfîfa,* die »anstelle der Krone« vom Sultan getragen wurde, war ihrer Form und ihres Umfangs wegen als *nâ'ûra,* »Wassermühlrad«, bekannt.

Die Zivilbeamten trugen zu ihren langen Gewändern Turbane verschiedener Größen: »seinen Turban vergrößern« wird geradezu als Umschreibung für »sich groß tun« verwendet. Turban und Gürtel wurden von der Bevölkerung auch als Geldbörsen verwendet, weshalb Diebe oder marodierende Mamluken den Bürgern gern ihre Turbane und Gürtel wegrissen, also gewissermaßen Handtaschenraub begingen.

Wenig ahnten die meisten Bewohner Kairos – und wohl nicht einmal der Sultan –, daß sich zu ihrer Zeit, kurz nach 1500, eine entscheidende Wende in der islamischen Welt anbahnte, die die politische Gestalt des Orients für die nächsten Jahrhunderte bestimmen sollte.

Vasco da Gama hatte den Seeweg nach Indien entdeckt, und seitdem zeigten sich die Portugiesen an den Küsten Indiens, wo Mahmûd Bêgrâ von Gudjarat, der weitberühmte »Prinz von Cambay«, sie 1508 mit Hilfe der Mamluken noch einmal besiegen konnte, bevor ihre Übermacht immer deutlicher wurde. Die enge Verbindung Gudjarats mit Ägypten zeigt sich auch darin, daß Mahmûd Bêgrâs Sohn und Nachfolger, Muzaffar Halîm, der letzte indische König war, der sich ein Investiturschreiben vom Kalifen Kairos sicherte.

Die Mamluken haben sicher die Größe der portugiesischen Gefahr nicht richtig eingeschätzt; sie spürten allerdings das Nachlassen des Durchgangshandels durch Ägypten und den Mangel an indischen Erzeugnissen; doch konnte die Verödung der Häfen und das Fortbleiben der Kaufleute auch mit den schweren und ungerechten Besteuerungen und Konfiskationen der Waren erklärt werden. Noch bedrohlicher als die Portugiesen aber waren die beiden Großmächte, mit denen sich Qansauh und seine Emire auseinanderzusetzen hatten und die das Gesicht des Vorderen Orients entscheidend prägen sollten.

1501 eroberte der junge Ismail aus dem Hause von Ardabil, Uzun Hasans Enkel, den größeren Teil Irans, wo er die schiitische Glaubensform einführte, die bis heute Staatsreligion ist. Dann näherte er sich den mamlukischen Vorposten bei Biredjik am Euphrat. Qansauh verfolgte die Bewegungen dieses Gegners aufmerksam, denn er fürchtete von ihm einen Angriff auf Ägypten. Ismail »der Sufi«, wie Ibn Iyâs ihn nennt (nicht »Safavide«, und wir übernehmen die Schreibung europäischer Quellen jener Zeit, die vom *Sophi* sprechen) – Ismail war imstande, nach dem heutigen Afghanistan und Zentralasien vorzudringen und den Uzbekenherrscher Schaibânî Khân zu schlagen, der seine Macht über das Gebiet von Herat und Bukhara ausgedehnt hatte. Unvergeßlich die Szene in Ibn Iyâs' Chronik, wie der Gesandte des Sophis dem Sultan Ghûrî Schaibânî Khâns Schädel bringt – die arabischen Verse freilich, die der persische Herrscher an seinen ägyptischen Kollegen schickte, sind nicht, wie unser Chronist meint, als Verspottung der Gartenliebe des Sultans gedacht, sondern gehören einer viel älteren schiitischen Tradition an.

Seit den späten Tagen Qaitbays hatten die Mamluken wieder verhältnismäßig gute Beziehungen mit den Osmanen, die ihr Reich schon weit nach Südosteuropa ausgedehnt hatten und nun ostwärts strebten. Ibn Osman, wie der osmanische Sultan genannt wird, erscheint in Ghûrîs Augen als guter Freund. Prinz Qorqud, der seinem Vater Bâyezîd entflohen ist und die Vermittlung des Sultans erbittet, wird mit königlichem Prunk empfangen. Der Tod Bâyezîds (1511) war für Ghûrî ein schwerer Verlust. Als dann aber Bâyezîds Sohn und Nachfolger, Selim Yavuz, im August 1514 die Perser bei Tschaldiran nahe Täbriz geschlagen hatte, dämmerte es den Mamluken-Emiren, daß dieser kriegerische Fürst vielleicht auch ein Auge auf Ägypten werfen könnte. Obgleich die ersten Nachrichten vom Siege der Osmanen Sultan Qansauh so erfreuten, daß er in den Moscheen Kairos Koranrezitationen halten ließ, wurde ihm dann doch die wachsende Macht Selims bedenklich. Entscheidend für die Wende in den Beziehungen war, daß der Fürst der Dhulghadir in Ostanatolien, 'Alî Daulat (Dughlat), zunächst Diyarbekir und Harput (Elaziğ) an den Sophi verloren hatte, sich aber dann den Zorn Selims zuzog, der seinen Neffen Schahsuwâr gegen ihn stützte, während die Mamluken auf seiten 'Alî Daulats standen. Durch den Sieg über 'Alî Daulat und seine Truppen wurde Sultan Selim das Vordringen zum oberen Euphrat und nach Malatya ermöglicht, von wo aus der Weg nach Aleppo nicht mehr allzuweit war. Doch es dauerte lange, ehe die schlecht ausgerüsteten Mamluken sich endlich gegen die Osmanen aufmachten, die ihre den Feuerwaffen zu verdankende Überlegenheit schon im Kampf gegen die Perser bewiesen hatten.

Zu dieser höchst kritischen außenpolitischen Lage kamen innere Probleme, vor allem Schwierigkeiten mit den Beduinen in den ägyptischen und syrischen Provinzen, die oft rebellierten und von den Emiren in grausamster Weise gezüchtigt wurden, was auch nicht gerade zur Befriedung beitrug. Nicht zu vergessen die hin und wieder aufbrechenden Spannungen zwischen Barakât, dem Emir von Mekka, und seinen Brüdern und Verwandten – Mekka gehörte ja zum mamlukischen Reich.

Freilich blieb Kairo selbst unter diesen Umständen noch ein Knotenpunkt internationaler Politik, wie man aus den zahlreichen Gesandtschaften sieht, die aus Frankreich, Venedig und von anderen europäischen Höfen kamen. Bekannt ist ja das schöne Gemälde im Louvre, das den Empfang einer venezianischen Gesandtschaft durch Qansauh und seine Emire zeigt. Diese venezianische Gesandtschaft hatte unter anderem den Zweck, den Sultan zu veranlassen, die Auferstehungskirche in Jerusalem wieder zu öffnen, die er aus Ärger über die Christen geschlossen hatte. Daß Ibn Iyâs diese Kirche nicht als *qiyâma,* »Auferstehung«, bezeichnet, sondern konsequent *qumâma,* »Misthaufen«, schreibt, dürfte wohl ein Hinweis auf die Aversion des Volkes gegen die christliche Präsenz sein: fürchtete man doch (und teilweise zu Recht), daß die Perser oder andere potentielle Gegner mit den Europäern gemeinsame Sache machen könnten. Auch die militärischen Erfolge der christlichen Staaten in Nordafrika trugen zur Antipathie gegen alles Christliche und »Fränkische«, d. h. Europäische, bei.

Der Sultan feierte jeden wahren oder angeblichen Sieg, der gegen die Europäer errungen wurde, sei es in Nordafrika oder in Indien, war aber zu kurzsichtig, zu erkennen, welche Gefahren ihn umgaben. Es ist typisch, daß Ibn Iyâs einen der Hauptgründe für den Vormarsch und endlichen Sieg Sultan Selims gegen die Mamluken in der Flucht eines Emirs sieht, der dem osmanischen Herrscher die Mißstände im Reiche Ghûrîs deutlich gemacht und ihm insinuiert habe, daß man sich in Syrien und Ägypten gewiß nach einer gerechteren Regierung sehne.

In gewisser Weise hat Ibn Iyâs mit dieser Behauptung recht, die in ähnlicher Weise sogar von den Emiren dem Sultan vorgehalten wird. Denn einer der Hauptgründe für den Zusammenbruch des Mamlukenreiches war in der Tat die Mißwirtschaft. Der Sultan benötigte ständig Geld, das er sich – nicht ohne die Mitwisserschaft bestechlicher Beamter und sogar Qadis – auf alle erdenkliche Weise verschaffte. Neue Münzen mit niedrigem Edelmetallgehalt wurden geprägt, deren Verwendung im Handel Verwirrung und Preissteigerungen zur Folge hatte; Steuern jeder Art wurden erfunden, die bis an die Grenze des Tragbaren gingen und auch zur Flucht ausländischer Kaufleute und zur Verödung der Handelshäfen führten, da die Lasten für die Handelsschiffe und Karawanen unerträglich wurden. Etliches Geld kam durch Bestechungen und Ämterkauf ein, denn jedes höhere Zivilamt hatte seinen Preis: so zahlten der schafiitische und hanafitische Oberqadi mindestens 3.000 Dinar, um ihr jeweiliges Amt zu erhalten. Die Frommen Stiftungen, durch den Willen ihres Stifters der öffentlichen Hand entzogen, wurden gegen andere Immobilien ausgetauscht, falls der Sultan ein Stück von ihrem Land oder ein Gebäude für seine privaten Zwecke haben wollte. Konfiskationen waren an der Tagesordnung, und niemand, vom Emir über den Qadi bis zu den Sängerinnen, war vor ihnen sicher. Natürlich wurden auch die in Kairo seßhaften Juden und Christen immer wieder unter irgendeinem Vorwand zu großen Zahlungen gezwungen.

Die Methoden, die angewandt wurden, um das Geld aus dem unglücklichen Opfer herauszupressen (im wahrsten Sinne des Wortes!), waren unmenschlich, und Ibn Iyâs gibt abscheulich detaillierte Schilderungen von Folterungen aller Art, unter denen auch ganz Unschuldige zu leiden hatten, falls man vermutete, sie hätten etwas Geld. Er berichtet auch genüßlich von den öffentlichen Hinrichtungen, die sich die Bewohner Kairos offenbar mit dem gleichen angenehmen Schauder ansahen wie manch moderner Mensch einen Horrorfilm. Ob man die Schläge, die reichlich ausgeteilt wurden, als Bastonade ansehen darf, ist nicht klar; sie dürften unterschiedlich gehandhabt worden sein. Jedenfalls umfaßt ein »verdrußbereitender Schlag« in Ibn Iyâs' Diktion etwa fünfhundert oder mehr Stock- bzw. Rutenschläge. Sollte ein Verurteilter besonders entehrt werden, so nagelte man ihn auf ein Brett, das ein Kamel durch Kairo trug, oder setzte ihn rücklings auf einen Esel, um ihn in der Stadt zu zeigen, während ein Henkersknecht vor ihm seine Sünden ausrief. Oft kamen Verdächtige in die Maqschara oder die unterirdische 'Arqâna im Zitadellenbereich; im Fastenmonat Ramadân wurde dann jeweils eine Anzahl Glücklicher freigelassen. Verbannung »in die Oasen« war besonders gefürchtet; für Emire und Zivilbeamte galt Jerusalem als Verbannungsort, und die Vornehmsten wurden nach Mekka deportiert.

Zusammen mit der wachsenden Mißwirtschaft und der wachsenden Gefahr von außen ging die Unfähigkeit des alternden Qansauh, Ordnung unter seinen Mamluken zu halten. Die Übergriffe der Djulbân-Mamluken, die Lehen haben wollten und sich immer wieder über mangelnden Sold oder schlechte Verpflegung beklagten, nahmen zu; sie suchten sich auf Kosten der Qarânisa-Mamluken zu bereichern, und der Konflikt zwischen diesen beiden Gruppen trug nicht unwesentlich zur Niederlage von Mardj Dâbiq bei. Dazu kamen Übergriffe der Mamluken auf die Bevölkerung, Rauben und Stehlen, und dort, wo sie als Schutztruppe hingeschickt waren, wie in Aleppo, verwüsteten sie die

Stadt mehr, als der Feind es hätte tun können. So weitete sich der Konflikt zwischen Militär und Zivilbevölkerung in gefährlicher Weise aus, und man kann die Bevölkerung Aleppos verstehen, die nach den Plünderungen durch ihre eigenen Mamluken die Herrschaft der Osmanen nicht ablehnte, sondern vielleicht eher willkommen hieß.

Die im folgenden vorgelegten Ausschnitte sind nur ein Bruchteil aus dem vierten Band der Chronik des Ibn Iyâs, die, beginnend mit frühislamischer Geschichte, von Jahr zu Jahr ausführlicher und detaillierter wird, da der Verfasser die Ereignisse der späteren Jahre als Augenzeuge schildern kann. Wie sein Vorgänger als Chronist der Mamluken bis zum späten 15. Jahrhundert, Abu'l-Mahâsin ibn Taghribirdi, war auch Ibn Iyâs der Nachkomme eines Mamluken, wenn auch nicht, wie Ibn Taghribirdi, eines führenden Emirs. Als Enkel eines Mamluken hatte er ein Lehen, und sein Bruder Jûsuf, der im Arsenal tätig war, konnte ihm manches aus dem Leben des Sultans erzählen. Denn Ibn Iyâs hatte weniger Zugang zum Hof und zur hohen Politik als Ibn Taghribirdi, ist aber gerade als Sprachrohr der Mittelschicht so interessant. Obgleich er bei guten Professoren ein wenig studiert hatte, schreibt er ein alles andere als klassisches Arabisch; die Akkusative werden offenbar nach Gutdünken über den Text verstreut, und es finden sich eine ganze Reihe mundartlicher Formen und in den Wörterbüchern nicht zu belegender Ausdrücke in seinen Berichten. Als Gebildeter versucht er sich natürlich auch an – nicht unbedingt guten – Gedichten, und bei besonders wichtigen Ereignissen wagt er sich an Reimprosa. Der besondere Reiz seines Werkes liegt gerade in der Sprechart, in der er die Ereignisse und Begebenheiten in Kairo erzählt. Wir verdanken ihm Details über Architektur und Dekorationen, über

Feuerwerke und Gangsterüberfälle, über Skandale und Unglücksfälle – all das wird berichtet wie von einer kleinen Zeitung, doch selten ohne Anteilnahme des Verfassers. Dabei gibt es stehende Formeln: Jedes Ereignis, zu dem sich Menschen drängen – sei es Hochzeit, Hinrichtung oder Umzug –, ist »spektakulär«; alles Ungewöhnliche »gehört zu den seltenen Ereignissen«, und ständig »ändert der Sultan seine Meinung über jemanden«, d. h. entzieht ihm seine Gunst. Im Gegensatz zu Gaston Wiet, dessen französische Übersetzung des vierten und fünften Bandes der Chronik selbstverständlich ausgezeichnet ist, der aber Ibn Iyâs so elegant übersetzt, als sei der Mamlukenautor ein Mitglied der Académie Française, schien es mir angebracht, den etwas unklassischen, manchmal holprigen und in jedem Fall recht eigenwilligen Stil des Autors doch weitgehend zu übernehmen und auch das erbärmliche Arabisch des Sultans einigermaßen stilgerecht zu übertragen. Ich habe lange Namenslisten gekürzt oder weggelassen und für den Zusammenhang wichtige Partien in eckigen Klammern ganz kurz zusammengefaßt.

Jede Auswahl ist subjektiv; man hätte genausogut eine Auswahl der politisch wichtigen Abschnitte treffen oder die Teile übersetzen können, die das Wirtschaftsleben schildern, oder andere, die nur Emire oder nur Zivilbeamte betreffen. Meine Absicht war, einen bunten Querschnitt durch das Alltagsleben der Bürger von Kairo zu Beginn des 16. Jahrhunderts zu geben, das, wie wir mit Erstaunen feststellen, hie und da auch Parallelen zu modernen Ereignissen aufweist und dessen Akteure uns manches Mal noch über die Jahrhunderte hin bekannt vorkommen. Der Leser wird sicher bald den opportunistischen hanafitischen Oberqadi Ibn Schihna kennen, ebenso wie seinen schafiitischen Kollegen Ibn an-Naqîb, den Ibn Iyâs mit sichtlichem Genuß als wahres Ekel zeichnet (wie überhaupt seine persönliche Meinung über gewisse Zeitgenossen sehr deutlich wird). Der Leser wird – hoffe ich – mit dem beliebten Marktprovost Barakât ibn Mûsâ sympathisieren und die tyrannischen Großemire Qait ar-Radjabî und Qani Bay Qara wohl ebenso verabscheuen, wie es der Autor tut. Mit Freude und etwas Wehmut wird er lesen, wie gütig Tuman Bay der Dawâdâr, Sultan Qansauhs Brudersohn, war, der nach dessen Tod für wenige Monate Kairo regierte, bis auch er im Januar 1517 von den Osmanen am Bâb Zuwaila aufgehängt wurde. Und er wird sich immer wieder fragen, was für ein Mensch dieser Sultan Qansauh eigentlich war, der die grausamsten Foltern anwenden ließ, um Geld zu erhalten, und dann wiederum das Geld mit vollen Händen für Bauwerke und Blumen verwendete und verschwendete; der seine Frömmigkeit auf sonderbare Weise zu beweisen suchte und dann wieder ein geradezu kindliches Vergnügen an Tieren und an Scherzen hatte; der die politische Gefahr so falsch einschätzte und dann dem Feind tapfer entgegentrat und zu dessen Erbe ein Band religiöser türkischer Lyrik gehört. Was immer man von Qansauh al-Ghûrî denken mag, er gehört sicher zu den eindrucksvollsten Figuren der islamischen Geschichte an der Schwelle der Neuzeit, in einem Augenblick, als das Osmanische Reich seiner größten Ausdehnung entgegengeht und in Iran die Grundlagen des noch heute gültigen, religiös geprägten Staates gelegt werden; als Amerika und der Seeweg nach Indien entdeckt werden; als in Italien Papst Julius II. herrscht und Rafael und Michelangelo ihre Werke schaffen und als in Deutschland die Reformation stattfindet.

Ibn Iyâs

ALLTAGSNOTIZEN EINES ÄGYPTISCHEN BÜRGERS

Sultan Qansauh al-Ghûrî mit der takhfifa mit Hörnern

Im Jahr 906 d. H.

Schawwâl (21. April–18. Mai 1501)

Sultan Abu'n-Nasr Qansauh min Baibirdi al-Ghûrî

Er ist der sechsundvierzigste der türkischen Herrscher in
Ägypten und der zwanzigste der Tscherkessen. Er war
tscherkessischer Herkunft und gehörte zu den Mamluken
Sultan Qaitbays. Der ließ ihn frei, dann gab er ihm ein Pferd
und eine Uniform, und er wurde Mamluk in der Kleider-
kammer, dann Nobelgardist. Im Jahre 886 (1481) wurde er
durch Vermittlung des Emirs Qansauh Fünfhundert zum
Inspekteur der Südprovinz ernannt. Darauf verlieh ihm
Qaitbay den Rang eines Zehner-Emirs (889 (1484)), und er
zog bei einigen Expeditionen in die Gegend von Aleppo mit.
Er wurde zum Statthalter von Tarsus ernannt, kehrte dann
nach Aleppo zurück und wurde dort 894 (1489) Kämmerer.
Danach war er Statthalter von Malatya – das war unter der
Regierung Nâsir Muhammad ibn Qaitbays. Der verlieh ihm
den Rang eines Tausender-Emirs; dann, unter Zâhir Qansauh, dem Onkel Nâsir Muhammads, wurde er Oberbe-
fehlshaber der Garde am 3. Dhu'l-qaʻda 895 (19. 11. 1490)
und zog mit Emir Tuman nach Syrien, um Qosrauh, den
Statthalter von Damaskus, zu bekämpfen, als der gegen
Sultan Aschraf Djanbulat rebellierte. Als Tuman Bay sich in
Syrien zum Sultan machte und als Sultan nach Kairo zurückkehrte, verlieh er Qansauh ein Ehrenkleid und ernannte ihn
an seiner eigenen Stelle zum Großdawâdâr, Wezir und Majordomus. So blieb es, bis die Soldaten sich Ende Ramadân

906 (April 1501) gegen ʿÂdil Tuman Bay empörten und er in der Nacht zum Fest des Fastenbrechens in die Versenkung ging.

Als am Morgen die Flucht ʿÂdil Tuman Bays bekannt wurde, ritten die Emire Qait ar-Radjabî der Waffen-Emir, Qansauh al-Ghûrî, Tarabay, Qani Bay Qara der Oberstallmeister und . . . andere Tausender-Emire los. Dann tauchte Khuschgeldi al-Baisaqi bei ihnen auf, der sich vor ʿÂdil Tuman versteckt hatte, weil der ihn verhaften lassen wollte. Sie alle trafen sich im Hause von Qansauh Fünfhundert an der Löwenbrücke. Auch der Atabeg Tani Bek kam zu ihnen, der sich seit der Niederlage Aschraf Djanbulats und der Machtübernahme Tuman Bays versteckt gehalten hatte. Als der erschien, waren alle zunächst einig, daß er Sultan werden sollte. Er ritt von dort weg mit der Sultansfahne über seinem Haupte und war schon fast Sultan. Als er nun zum Kettentor kam, um die Herrschaft anzutreten, erhob sich das Gerücht, daß Qansauh Fünfhundert noch am Leben sei. So wurde in Kairo ausgerufen, falls er noch da sei, solle er erscheinen; er sei in Sicherheit, doch wenn er nach sechs Tagen nicht käme, gäbe es keine Gnade für ihn. Da die Versammlung sich lange hinzog, zerstreuten sich die Soldaten von der Ramla, und die meisten Emire, die sich an der Harrâqa am Kettentor versammelt hatten, gingen auch hinunter, denn es war ja Festtag, und jeder wollte gern nach Hause gehen, bis die Emire sich einig geworden waren, wer nun Sultan werden sollte. Die meisten Soldaten lehnten Tani Bek ab, und keiner mochte ihn, denn er war ein täppischer Pechvogel und machte alles verkehrt und verlor den Kopf, als man ihn als Sultan vorschlug – und dann erging es ihm ganz übel, und er bekam die Herrschaft nicht, denn das Schicksal hatte sie für Qansauh bestimmt.

Als Qait ar-Radjabî und Misirbay sahen, daß die Sitzung

zu keinem Ergebnis kam, setzten sie sich für Qansauh al-Ghûrî ein und sagten: »Wir wollen keinen anderen Sultan als ihn!«, und sie schleppten ihn und setzten ihn hin, während er sich weigerte und weinte. Misirbay redete ihm zu und faßte ihn am Kragen seines Gewandes, während er aufs heftigste widerstrebte. Dann erschienen der Kalif al-Mustamsik billah Ja'qûb und der malikitische und der hanafitische Oberqadi, während der schafiitische und der hanafitische Qadi warteten, bis sich die Emire geeinigt hatten, wen sie einsetzen wollten. Der hanbalitische Qadi schrieb ein Protokoll, daß 'Âdil Tuman vom Sultanat abgesetzt sei, und viele Leute legten Zeugnis ab, daß er viel Blut vergossen habe. Dann erschienen der schafiitische und der hanafitische Qadi und vollzogen die Huldigung für Qansauh, und der Kalif huldigte ihm. Das war am Montag, dem 1. Schawwâl 906. Dann wurden ihm die Insignien der Herrschaft gebracht, nämlich der schwarze Mantel und der schwarze Turban, und ihm angelegt – all das, während er sich weiter weigerte und weinte! Man gab ihm den Namen al-Malik al-Aschraf und den Beinamen Abu'n-Nasr ... Dann brachte man ihm ein Paradepferd mit goldenem Sattel und Schabracke, und er ritt von der Harrâqa-Treppe am Kettentor los. Qait ar-Radjabî trug den Schirm mit dem Vogel über seinem Haupt und war damit Kandidat für das Amt des Atabegs. Der Kalif ritt zur Rechten des Sultans, und die Emire gingen in Galauniform vor ihm, bis sie zur Geheimtür des großen Schlosses kamen, und dort setzte er sich auf den Thron. Es waren etwa 25 Grad (100 Minuten) vor Sonnenuntergang, und der Aszendent stand im Krebs ...

Er war etwa sechzig Jahre alt, als er Sultan wurde, und hatte noch kein graues Haar in seinem Bart ... Es ist wirklich sonderbar, daß die Wahrsager dem Sultan Tuman Bay prophezeit hatten, nur der Buchstabe Q könnte ihm die

Herrschaft entreißen, und da dachte er, es sei Qosrauh und brachte ihn ungerechterweise um – aber mit Qansauh al-Ghûrî hatte er nicht gerechnet. [Misirbay bekommt Qansauhs Ämter.]

An diesem Tage tauchte Schaikh Djalâluddîn as-Suyûtî wieder auf, der sich vor 'Âdil Tuman versteckt hatte, solange dieser Sultan war, weil er ihn umbringen wollte, aber Gott bewahrte ihn davor. Er erzählte, daß er den Propheten im Traum gesehen habe, und der habe ihm die frohe Kunde gegeben, daß die Herrschaft 'Âdils bald aufhören würde. [Überall wird die Stadt nach 'Âdil Tuman Bay durchsucht.]

Am Donnerstag, dem 22., wurden die Mamluken immer gemeiner zum Sultan, weil sie Lehen und Ämter haben wollten – so sehr, daß er sich schon von der Herrschaft lossagen und irgendwo verbergen wollte, damit sie sich einen anderen Emir als Herrscher wählen sollten.

Nachrichten kamen aus Damaskus, daß Daulat Bay, der Statthalter von Damaskus, geflüchtet war. Er hatte gehört, was dem 'Âdil passiert war, und da er mit ihm verwandt war, fürchtete er für sich selber. So nahm er seinen Besitz und seine Familie, verließ Damaskus und wandte sich zu Ibn Osman, dem König von Byzanz.

Am 22. wurde auch der Leichnam Aschraf Djanbulats aus Alexandrien gebracht. 'Âdil hatte ihn erwürgen lassen, als er dort im Gefängnisturm war. So war er in Alexandrien gestorben und begraben. Daraufhin kamen die Mamluken Djanbulats zum Sultan und baten ihn, den Leichnam nach Kairo überführen zu dürfen. Der Sultan ordnete das an, und er wurde in einem Sarg gebracht. Als der Leichnam gekommen war, wurde er zunächst im Mausoleum von Sultan Qaitbay beigesetzt und blieb dort einige Tage; dann setzten sich seine Mamluken für ihn ein und sagten: »Wir wollen aber, daß unser Meister in seinem eigenen Mausoleum beigesetzt wird, das am Bâb an-Nasr ist!« So ordnete der Sultan an, ihn zu überführen und in seinem eigenen Mausoleum zu bestatten. Das war das dritte Mal, daß er umgebettet wurde.

Am Anfang dieses Monats war 'Azîza bint as-Sathî gestorben, die zu den vornehmsten Sängerinnen Ägyptens gehörte. Sie war einmalig in ihrer Zeit in der Kunst des Gesanges, hatte eine schöne Stimme und sprach die Gedichte sehr korrekt aus. Keine Sängerin konnte ihre wahre Nachfolgerin werden. Sie erlebte überaus große Ehre und Hochschätzung von den Vornehmen und den Staatsbeamten, wie keine andere Vertreterin dieser Kunst. Sie starb mit etwa achtzig und war sehr berühmt in Ägypten.

Dhu'l-qa'da (19. Mai–17. Juni)

Am Montag, dem 13., ergriff man 'Âdil Tuman Bay an einem Ort nahe dem Haus des Atabeg Djarbasch bei der Klause von Schaikh Khulaif. Kurz gesagt: Als er zu lange versteckt blieb und die Emire ständig in Furcht und Zittern vor ihm lebten und zu Hause nur übernachteten, wenn ihre Mamluken Tag und Nacht bewaffnet waren – als das immer schlimmer wurde, machten sie sich bereit, eine List gegen 'Âdil Tuman Bay anzuwenden. Sie beredeten Djani Bek, den ehemaligen Aufseher der Getränkekammer, und Djani Bek asch-Schâmî, der zu 'Âdils Vertrauten gehört hatte, und versprachen jedem eine Tausenderschaft. Sie waren nämlich mit 'Âdil zusammengekommen, als er sich versteckt hielt. Nun sollten sie es ihm schmackhaft machen, ins Haus Djani Bek asch-Schâmîs zu kommen ... Emir Misirbay wohnte nahe dabei. Wenn nun 'Âdil in diesem Hause erschiene, dann wollten sie nach dem Nachtgebet auf Misirbay einstürmen, während er in seinem Gemach saß, und durch die Geheimtür des Atabegs Djarbasch zu ihm eindringen und ihn in der Nacht unversehens töten. Wenn er getötet wäre, dann sollte 'Âdil von dort ausreiten, das Kettentor aufbrechen und besetzen. 'Âdil neigte dieser Rede zu – und das war reiner Verrat! Wie wenig er ahnte, daß sein Verderben lag in dem, was er plante! – Als er bei Djani Bek war, gab der ihm ein prächtiges Essen, und er brachte die Nacht dort zu, während Djani Bek Misirbay informierte. Und während 'Âdil vergnügt sein Leben genoß und nichts ahnte, da stürmten sie auf ihn ein und umzingelten den Platz, wo er war – und die List war geglückt. Es heißt, als sie ihn angriffen, sei er aufgestanden und geflüchtet; er sei über eine hohe Mauer geklettert und hätte sich dann von der Mauer gestürzt. Da fiel er auf seinen Schenkel und brach den. So fand ihn einer der Mamluken Djanbulats; der schnitt ihm den Kopf ab, und jeder der Mamluken Djanbulats stillte seine Rache an ihm und schlug ihn mit dem Schwert, bis sie ihn ganz zerstückelt hatten. Nachdem sie ihm den Kopf abgeschnitten hatten, brachten sie diesen zu Misirbay; der legte ihn in eine Kupferschale und ließ ihn aus seinem Haus bringen, während die Henkersknechte vor ihm ausriefen: »Das ist die Strafe für jemanden, der Blut vergießt und die Emire zu Unrecht tötet!« Das schmerzte einige Emire. Als der Kopf 'Âdils dem Sultan vorgeführt wurde, befahl er, ihn zu begraben, und schickte ein Ba'lbekki-Baumwollkleid und 20 Dinar, und so setzten sie ihm den Kopf wieder auf, wuschen ihn, hüllten ihn in ein Leichentuch und begruben ihn... Es heißt, als 'Âdil getötet wurde, da hätten die Angehörigen der Prinzessin (Asal Bay), der Mutter Sultan Nâsirs, sich mit seinem Blut eingerieben und wären höchst vergnügt und glücklich gewesen. Das kann man ihr verzeihen, denn Tuman hatte ihren Sohn Nâsir umgebracht und ihren Bruder Zâhir Qansauh eingesperrt und ihren Gatten Aschraf Djanbulat getötet!

Dhu'l-hidjdja (18. Juni–16. Juli)

[Am 8. wird Ibn an-Naqîb als schafiitischer Oberqadi eingesetzt und am 21. wieder abgesetzt und nach Qus verbannt],
und der Heereskommandant ließ ihn auf einem Esel zum
Nilufer reiten; aber ein Emir bat für ihn, daß er nicht verbannt würde, und so wurde ihm eine Geldbuße auferlegt.

Am Montag, dem 26., versammelten sich die Emire beim
Sultan in der Duhaischa. Sie beratschlagten sich und blieben
bis nach dem Nachmittagsgebet in der Zitadelle. Als sie
hinabgingen, hörte man unter den Leuten, daß der Sultan
die Frommen Stiftungen der Moscheen und Madrasen auf-
lösen und ihnen nur so viel lassen wollte, wie für den Kultus
notwendig ist, und daß er die Ländereien der Stiftungen mit
Mietverträgen (?) an die Emire und Mamluken verteilen
wollte. Als die Leute das hörten, regten sie sich schrecklich
auf, und es gab viel Gerede.

Das Jahr 907 d. H.

Muharram (17. Juli–15. August)
Im Muharram stiegen der Kalif und drei der Qadis ... zur
Zitadelle, während der hanafitische Qadi ʻAbdul Barr ibn
Schihna sich verspätete, aber dann doch erschien. Als sie
angekommen waren, um Sultan Qansauh al-Ghûrî zum neu-
en Jahr zu gratulieren, sprach dieser mit ihnen über die
(Besteuerung der) Frommen Stiftungen, aber weder der
schafiitische noch der malikitische noch der hanbalitische
Qadi stimmten ihm zu. Der hanbalitische Qadi wurde sogar
grob gegen den Sultan. Der wandte sich von ihm ab und
sagte: »Wenn also die Mamluken zum Aufstand ausreiten
und von mir Löhnung verlangen, dann, dann schick' ich sie
zu dir, in dein Haus, dann kannst du mit ihnen reden, wie
du's verstehst.« Die Sitzung endete ohne Ergebnis, und die
Qadis gingen nach Hause, ohne den Sultan zufriedengestellt
zu haben. Am Ende des Tages stieg der hanafitische Qadi
ʻAbdul Barr zur Zitadelle und sprach mit dem Sultan darüber; denn ʻAbdul Barr folgte dem Sultan, was immer der
wollte. Dann versammelten sich die Emire beim Sultan in
einer zweiten Sitzung und beratschlagten. Man stimmte
überein, daß die Frommen Stiftungen bleiben sollten, wie
sie waren, daß aber von ihnen Einkünfte ein volles Jahr im
voraus (vom Staat) eingetrieben werden sollten, und vom
Grundbesitz in Kairo – Häusern, Appartementbauten, Läden, Bädern, Gärten, Booten usw. – sollte die Miete von
zehn vollen Monaten im voraus genommen werden, sogar
von den Stiftungen des Mansûrî-Krankenhauses und den
anderen Stiftungen, von der höchsten bis zur niedersten.

Verfügungen darüber wurden auch in die Häfen Alexandria und Damiette geschrieben, ja selbst nach Damaskus und an dessen Statthalter sowie das gesamte Gebiet von Damaskus und Aleppo. Für all diese Ungerechtigkeiten war der Atabeg Qait ar-Radjabî verantwortlich; der ließ die Vornehmen in der Bâsitiyya-Madrasa unter Aufsicht stellen, bis sie das Geld gebracht hatten – möge Gott ihm das nicht mit Gutem vergelten!

[Beschreibung der Auswirkung der Konfiskationsmaßnahmen.]

Gangster und schwarze Sklaven raubten eine Anzahl Läden vom Teppichmarkt bis zum Inneren von Bâb Zuwaila aus. Das Plündern und Morden ging bis zum Abendgebet, und die Leute verloren beachtliche Geldmengen und viele Waren. Man sagt, ein Seidenhändler sei um 500 Dinar gemünztes Gold bestohlen worden und außerdem noch um Kerzen, Obst und Zucker. Als die Plünderungen schlimmer wurden, ritt der Präfekt von Kairo los, ergriff eine Anzahl Gangster und schwarze Sklaven und zweiteilte etwa vierzehn von ihnen, denn Kairo wäre durch dieses ungeheuerliche Ereignis fast völlig zerstört worden.

[Misirbay wird verhaftet und nach Alexandrien deportiert.]

Am Samstag, dem 16. Muharram, verbreitete sich das Gerücht, daß Djani Bek asch-Schâmî, der zu den engsten Freunden Sultan 'Âdil Tuman Bays gehört hatte, und Khair Bek, der Inspekteur der Westprovinz, zur Zeit des Mittagsgebetes aus dem Turmgefängnis in der Zitadelle geflüchtet seien. Sie hatten den Wächter getötet, und mit ihnen waren eine Anzahl Mamluken geflüchtet, die im Turm waren. Dann versteckten sie sich in Kairo. Es gab große Aufregung, und es wurde immer mehr geredet. Als der Sultan das erfuhr, ließ er den Koran 'Uthmâns bringen und die Emire in

Gegenwart des Kalifen und der vier Qadis darauf schwören, daß sie ihn nicht verraten, keine Meuterei anzetteln und nicht gegen ihn rebellieren würden.

Safar (16. August–13. September)

Am Ende dieses Monats ließ der Sultan Prinzessin Asal Bay, die Mutter des Malik an-Nâsir, ergreifen und auf die Zitadelle bringen und setzte einige Eunuchen zur Aufsicht über sie ein. Sie blieb einige Tage in Arrest und erlitt äußerste Erniedrigung; er legte ihr eine gewaltige Summe auf, von der sie nichts beibrachte. Sie behauptete, daß sie das gar nicht könnte. So ordnete der Sultan an, sie nach Mekka zu verbannen. Qorqmas, der Waffen-Emir, und Emir Tarabay baten für sie, daß sie nicht verbannt werden möge, und sie brachte ein wenig von dem Geld, das sie zahlen sollte.

Rabî' II (14. Oktober–11. November)

In diesem Monat kamen Nachrichten aus Alexandrien, daß Misirbay der Dawâdâr seine Fesseln zerrissen habe und aus dem Turm geflohen sei. Man sagt, einer seiner Mamluken namens Ayas habe ihm eine Stahlfeile gemacht, die er in einem Bündel Kerzen versteckt hatte. Das hatte er seinem Meister im Turm gebracht, der damit seine Ketten lösen konnte und von oben über die Mauer kletterte. Er brachte ihm auch ein kleines Boot, das er bestieg. Gott schützte ihn, und seine List gelang. So kam er heimlich nach Kairo. Als das bekannt wurde, regten sich die Emire sehr auf und waren voll Furcht, und der Präfekt begann, jede Nacht und jeden Tag seinetwegen Häuser und Quartiere zu durchsuchen, was den Bewohnern enormen Schaden zufügte.

Djumâdâ I (12. November–11. Dezember)
Madjuddîn ibn Karâwiya, der Intendant des Staatsschatzes,
stieg zur Zitadelle und klagte beim Sultan, daß sein Büro
völlig bankrott sei und daß es kein Fleisch mehr gebe. Der
Sultan setzte ihn in der Zitadelle unter Arrest. Dort blieb er
etwa zwölf Tage, während die Mamlukenkasernen keinerlei
Fleisch bekamen. Darüber ärgerten sich die Soldaten. Da
ordnete der Sultan an, den Mamlukennachkommen, Zivilbeamten, Rechtsgelehrten und anderen Leuten ihre Fleisch-
zuteilungen völlig zu entziehen, sogar den Prinzessinnen,
und nur etwas an die Mamluken auszugeben. Aber siehe,
kurz danach traf der Wezir Toqtabay ein, der nach Oberägypten gereist war, und brachte zehntausend Schafe mit –
und das sah man als großes Glück für den Sultan an.

Radjab (10. Januar–8. Februar)
Es kam zum Sultan ein Mann namens Salâhuddîn ibn al-
Djunaid, der ursprünglich ein Bote beim Intendanten der
Privatschatulle, 'Alâiuddîn ibn as-Sâbûnî, gewesen war. Er
traf sich mit dem Sultan und legte ihm Listen vor, in denen
die Namen einer Anzahl von vornehmen Kaufleuten standen sowie von edlen Bürgern, ja selbst von vornehmen
Frauen, Prinzessinnen und Damen, und er schlug vor, von
deren Dienern und Dienerinnen pro Kopf einen Dinar zu
nehmen. Dann sagte er zum Sultan: »Gib mir ein Ehrenkleid, und ich, ich garantiere dir 200.000 Dinar, so ganz
friedlich und ohne Druck!« Der Sultan schenkte seinen
Worten Glauben und wollte ihm schon ein Ehrenkleid geben; aber als die Emire das hörten, ging ihnen das gegen den
Strich, und deswegen wäre fast eine Meuterei ausgebrochen. Da begriff der Sultan seinen Fehler, brachte diesen
Denunzianten, peitschte ihn aus und befahl, ihm die Zunge
abzuschneiden. Dann ließ er ihn in Kairo umherführen,

nackt, auf ein Kamel gebunden. Als er durch die Stadt kam, hätten die Leute ihn fast gesteinigt und verbrannt. Dann brachten sie ihn zur Maqschara, wo er eingesperrt wurde. Das gehörte zu den seltenen Ereignissen! Im Zitadellenhof war er in Gegenwart der Emire verprügelt worden, um diese so zufrieden zu stellen.

[Der Sultan ließ neue Kupfermünzen schlagen, auf denen eine Art Netz gezeichnet war, und die früheren Münzen sollten nicht mehr in Umlauf sein.]

Die Händler nahmen nur noch die Münzen mit dem Netzmuster, und die Leute konnten nichts dagegen tun. Die Waren wurden zu zweierlei Preisen verkauft, einmal mit den neuen und einmal mit den alten Münzen. Zu alledem kam noch das Geld, das der Marktprovost den Händlern auferlegt hatte und das sie jeden Monat zahlen mußten. Denn der Sultan versuchte (Geld zu bekommen), indem er dem Marktprovost eine Summe auferlegt hatte, statt es von den Lehen einiger Tausender- und Zehner-Emire zu nehmen. So hatte der Marktprovost monatlich über 2.000 Dinar zu zahlen, oder sogar noch mchr, und das wurde auf die Händler, die Müller und andere abgewälzt. Von jetzt an gingen die Preise alle ganz schön herauf wegen der monatlichen Abgaben, die den Händlern auferlegt worden waren.

Scha'bân (9. Februar–9. März)

In diesem Monat ernannte der Sultan den Emir Qansauh ibn Sultan Djarkas, als Inspekteur in die Ostprovinz zu gehen. Als er dorthin kam, empfing ihn nicht einer von den Beduinen; ja, sie wurden immer noch aufsässiger und nannten ihn »Bring Milch!«. So blieb er rund vierzig Tage in der Ostprovinz und kehrte ohne Ergebnis zurück.

In der Nacht des 12. Ramadân stiegen die Emire wie üblich zur Zitadelle, um mit dem Sultan das Fasten zu brechen. Als sie danach von der Zitadelle herunterkamen und den Anfang der Rampe erreichten, war da eine Gruppe von Mamluken, etwa zwölf, die sie umzingelten. Das konnte damit erklärt werden, daß Misirbay der Dawâdâr aufgetaucht war, und eine Gruppe von ganz obskuren Mamluken hatte sich ihm angeschlossen. Die wollten den Emiren den Weg versperren, als sie von der Zitadelle kamen. Sie warteten am Kettentor auf sie, und als die Emire herunterkamen, zog ihnen Misirbay mit diesen wenigen Mamluken, die um ihn waren, entgegen. Sie schossen Pfeile auf die Emire, und Tarabay und Timur, der Arsenaldirektor, wurden verwundet, aber nur leicht, und sie ließen sich nicht davon beeindrucken. Aber in der Nacht wurde ein Mamluk namens Djani Bek in Ramla getötet, der ein Verwandter von Emir Tarabay gewesen sein soll. Eigentlich wollte Misirbay Özdemir den Dawâdâr töten und auch Qait ar-Radjabî und die anderen Emire. Doch es gelang ihm nicht, und seine Absicht wurde enthüllt, und er wurde bloßgestellt. Das war außerordentlich leichtsinnig von Misirbay!

Als das passierte, gab es nachts große Aufregung; die Soldaten bewaffneten sich und verbrachten die Nacht wachsam. Misirbay blieb eine kleine Weile in Ramla, aber nicht ein Soldat kam zu ihm. So ging er ohne Erfolg von Ramla fort. Emir Özdemir kehrte zur Zitadelle zurück und verbrachte die Nacht dort beim Sultan, während Atabeg Qait nach Hause ging. Zwar ging das Gerücht um, daß der Sultan innerlich für Misirbay war, aber das stimmt nicht. Als Misirbay von Ramla zurückkehrte, ging er im Schutze der Nacht bei den Emiren umher, aber nicht einer folgte ihm, um mit ihm zu rebellieren. So ging er zur Ezbekiyya, verbrachte die

Nacht dort und wartete darauf, daß irgendeiner von den Sultansmamluken kommen würde. Aber kein einziger kam zu ihm. Als es Tag wurde, waren etwa zwanzig Mamluken oder weniger mit ihm in der Ezbekiyya. Als der Sultan das hörte, schickte er eine Gruppe von Mamluken mit Allan, dem Präfekten, zu ihm. Sie kämpften dort mit ihm, und kaum war eine kurze Weile vergangen, da war Misirbay geschlagen. Er wurde in der Ezbekiyya elendiglich getötet, und ein Mamluk trug ihn vor sich auf seinem Pferd, tot, und brachte ihn hinauf zur Zitadelle. Als der Sultan ihn sah, befahl er, ihn zu begraben. So wurde er gewaschen und ins Leichentuch gehüllt, und der Sultan betete über ihn und begrub ihn. Dies ist ein ganz besonders abscheuliches Ereignis; denn er hatte sich in den Kopf gesetzt, die Emire zu töten und die Zitadelle in seine Gewalt zu bekommen – mit dieser winzigen Gruppe Mamluken, die er hatte, weniger als zwanzig! Das war bodenloser Leichtsinn, obgleich er sonst intelligent und festen Herzens war. Er war ein frommer, guter Mann und kam von den Mamluken Sultan Qaitbays, und das Geschick half ihm, bis er Großdawâdâr wurde unter Ghûrî, der ihn dann ergriff und in Alexandrien einsperren ließ. Dann flüchtete er aus dem Turm ... Aber es half ihm alles nichts, denn die Emire hatten Angst seinetwegen. Als er zur Ezbekiyya zog und dort über Nacht blieb, versammelte er morgens die kleinen Jungen vom Bâb al-Lûq, und die trommelten für ihn (als wäre er ein mächtiger Emir), und das war reiner Humbug. Schließlich unterlag er und wurde am gleichen Tag getötet. Es war, wie man sagt:

> Die Feinde schaden einem Dummkopf nicht soviel,
> wie der Dummkopf sich selber schadet!

Misirbay war der Grund, daß Sultan Tuman Bay getötet wurde, weil er eine List gegen ihn angewandt hatte, so daß er sich zunächst auf ihn stützte; dann aber verriet er ihn, so daß er getötet wurde, und er hatte seinen Kopf auf einen Teller gelegt und in Ramla gezeigt, während die Henkersknechte ausriefen. Er tat ihm wirklich scheußliche Dinge an. Und siehe, wie bald wurde Misirbay ergriffen, und Leiden und Heimsuchungen befielen ihn, und er wurde entehrt, da er tot zur Zitadelle auf einem Pferd gebracht wurde, während einer ihn im Schoß hielt und die Leute ihn anstarrten! Das ist tiefste Erniedrigung – doch der Lohn ist wie die Tat, und hierin liegt ein Beispiel für die, die verstehen!

Das Jahr 908 d. H.

(7. JULI 1502–25. JUNI 1503 N. CHR.)

Safar (6. August–3. September)
Am Samstag, dem 2., traf der *maḥmal* in Kairo ein. Der
Führer der Gruppe mit dem *maḥmal* war Astimur min Wa-
lîuddîn, der *amîr madjlis,* und der Führer der ersten Truppe
war Nâsirî Muhammad ibn Khâss Bek. Als die Pilgerkarawane eintraf, war sie ganz elend wegen all der Dinge, die
den Leuten auf dem Wege zum Hidschaz zugestoßen waren.
Kurz – wie man unter den Leuten hörte: Es war passiert, als
Astimur in Batn Marw eintraf, bevor er nach Mekka kam,
da traf ihn dort al-Djâzânî. Astimur bot ihm ein Ehrenkleid
an und sagte zu ihm: »Wenn du als Herr von Mekka eingesetzt werden willst, dann bring dem Sultan 50.000 Dinar!«
Djâzânî sagte: »Ja, ich bringe dem Sultan diese Summe!« Da
legte Astimur ihm das Ehrenkleid an, um ihn in Sicherheit
zu wiegen, denn er hatte vorher rebelliert und verschiedene
Sachen gemacht. Darauf schickte Astimur heimlich ein
Schreiben an Scharîf Barakât von Mekka, Djâzânîs Bruder,
er solle die Beduinen sammeln und mit ihm zusammenkom-
men, um Djâzânî zu packen. Als Djâzânî das merkte, entschlüpfte er im Schutze der Nacht aus Batn Marw. Astimur
war ein unerfahrener, täppischer Pechvogel! – Als Djâzânî
entflohen war, stieß er mit der syrischen Karawane in Râ-
bigh zusammen, und da gab es Raub, Totschlag und Gefan-
gennahme der Frauen. Als die Pilgerkarawane in Mekka
eintraf und man dies erfuhr, regten sich alle gewaltig auf,
und selbst als die Pilger auf dem Berge Arafat standen,
fürchteten sie Djâzânî und seine Banû-Ibrâhîm-Beduinen.
Nachdem der Aufenthalt auf dem Berge Arafat zu Ende

gegangen war und die Pilger aus Mekka fortzogen, sagte Astimur zu Scharîf Barakât: »Komm mit uns und tritt Djâzânî gegenüber!« Als nun Scharîf Barakât mit den Pilgern auszog und an einen Ort namens Ad-Dahna gelangte, da stand ihm sein Bruder mit einer großen Menge von Banû-Ibrâhîm-Beduinen gegenüber. Djâzânî schickte eine Botschaft an Astimur: »Misch dich nicht zwischen meinen Bruder und mich ein! Laß uns miteinander kämpfen – du nimm die Pilger und geh weg!« Aber Astimur hörte nicht darauf. Dann erschien Jahjâ ibn Sab', der Emir von Janbû', der Djâzânî unterstützte. So kämpften sie mit Scharîf Barakât. Doch Astimur mischte sich ein und verkündete in der Pilgerkarawane: »Wer Waffen hat, komme zu Hilfe, um gegen Djâzânî zu kämpfen!« Dann versammelte sich eine gewaltige Menge, Kameltreiber und Leute, die Zelte aufstellen und für die Beleuchtung sorgen, und es kam eine Stunde (des Kampfes) zwischen ihnen, in der die Stirnlocken ergrauen. Es endete damit, daß Astimur besiegt wurde, und von den Sultansmamluken, die mit ihm waren, wurden etwa hundert getötet, abgesehen von den Sklaven und dem Gesindel (das mit der Karawane mitlief). Und wer immer in der *maḥmal*-Karawane war, wurde an diesem Tage überwältigt, und alles, was darin war, wurde geraubt. Sie rissen sogar den Frauen die Kleider vom Leibe und die Kopftücher vom Kopf, und die Frauen erlitten Ungemach schlimmster Art. Die meisten Pilger blieben in Janbû' zurück und begannen, Boote im Roten Meer zu besteigen, und gelangten nach langer Zeit im elendesten Zustand nach Kairo. Sie erlitten in diesem Jahr ein Höchstmaß an Quälerei, und alles Schlechte passierte ihnen.

Man sagte, daß Djâzânî mit den Leuten im ersten Zug nicht so abscheulich umging wie mit denen im *maḥmal*-Zug, denn er hatte mehr Achtung vor Nâsirî Muhammad ibn

Khâss Bek als vor Astimur, und er war ja von Astimur
gekränkt worden. Als nun dieses Unglück passiert war,
kehrte Scharîf Barakât nach Mekka zurück, in die Flucht
geschlagen von seinem Bruder Djâzânî. Und als die übriggebliebenen Pilger von al-Aznam zurückkamen, fanden sie,
daß die Brunnen mit Steinen gefüllt waren, und so starb eine
große Anzahl von Pilgern vor Durst. Als die Pilger dann in
Aqaba ankamen, stellte sich ihnen eine Gruppe Banû-Lâm-
Beduinen entgegen und hinderte sie am Aufstieg nach Aqaba und verlangte von ihnen die Zahlung von 3.000 Dinar.
Der Leiter der Karawane sammelte das Geld von den Pilgern ein und zahlte es an die Beduinen, damit sie ihnen den
Aufstieg nach Aqaba ermöglichen sollten. Dann kamen sie
am Pilgerteich (in Kairo) an, in elendestem Zustand. Als
Astimur und Nâsirî Muhammad ibn Khâss Bek zur Zitadelle
stiegen und vor dem Sultan standen, schalt er sie heftig
wegen der Dinge, die den Pilgern von Djâzânî und Ibn Sab'
zugestoßen waren. Dann ordnete er an, Astimur in den
Bahra-Saal zu bringen, und ordnete Arrest auch für an-
Nâsirî Muhammad an. Daraufhin schickte er aus, den hanafitischen Oberqadi 'Abdul Barr ibn Schihna festzunehmen,
und setzte ihn unter Arrest; denn man hatte ihn bei dem
Sultan verleumdet, er habe mit Jahjâ ibn Sab' korrespon-
diert und ihn darauf aufmerksam gemacht, daß der Sultan
ihn festnehmen lassen wolle, und das ließ ihn immer fester
daran glauben, bis er schließlich wirklich und wahrhaftig
rebellierte – wie man sagt.

In diesem Monat kamen Nachrichten aus Aleppo, daß ein
Ketzer namens Schah Ismail der Sophi sich auf das Land
zubewege. Als diese Nachrichten nach Kairo kamen, gab es
große Aufregung, und der Sultan rief die Emire zusammen.
Sie beratschlagten über die Angelegenheit des Sophi, und
der Sultan ordnete einen Feldzug an. Dann verhaftete er

eine Anzahl Zivilbeamter und ließ jeden von ihnen eine ansehnliche Summe zahlen wegen des Feldzuges...

Dann kamen Nachrichten aus Aleppo, daß die Soldaten des Sophi in ihr Land zurückgekehrt seien und der Aufruhr sich gelegt habe. Der Feldzug wurde abgesagt, aber die Konfiskationen von Zivilbeamten und ähnliches dauerten trotzdem an.

Zu den Ereignissen gehört es, daß in der Nacht des Samstags, des 23., die Gangster die Einwohner von Al-Mistâhî nahe der Hâdjib-Brücke überfielen, einen der Wächter umbrachten und eine Anzahl Häuser zerstörten. Dann drangen sie zu dem Damm am Ratlî-Teich vor. Nun war der Nil mächtig am Steigen, und der Damm war ganz voll von Menschen. Sie rissen eine Anzahl Turbane und Gürtel weg – und es waren rund sechzig Männer, die auch Pfeil und Bogen mitführten. Sie tobten diese Nacht auf dem Damm und in Mistâhî, und lautes Geschrei kam von den Balkonen. Das war eine fürchterliche Nacht! – Als dem Präfekten von Kairo zu Ohren kam, was sich in dieser Nacht am Damm zutrug, nahm er eine Anzahl von Mamluken und zog die ganze Nacht hinter den Gangstern her. Dann überwältigte er acht von ihnen und ergriff sie in Nay u Tannân, während die übrigen davonliefen. Am Morgen brachte er sie zum Zitadellentor und führte sie dann dem Sultan vor. Der ordnete an, sie an der Hâdjib-Brücke aufzuhängen. Man nagelte sie auf Kamele und führte sie in Kairo herum, und sie hatten einen spektakulären Tag. Dann brachte man sie zur Hâdjib-Brücke, und einige von ihnen wurden gehängt und andere zweigeteilt, und die Frauen trillerten ihr Freudengetriller, und der Präfekt bekam an diesem Tage ein großartiges Ehrenkleid, weil er sich mit Ruhm bedeckt und die Gangster in der gleichen Nacht ergriffen hatte.

Zu den Ereignissen gehört, daß in der Nacht, als die Löhnung verteilt werden sollte, zur Zeit des Frühgebetes die
Geldträger vom Zuwaila-Viertel hinaufstiegen. Als sie damit zu den finsteren Gassen am Anfang der Bunduqâniyyîn
kamen, zog eine Gruppe von Türken in Beduinen-Tracht
gegen sie aus und verstellte dem Maultier, auf dem das Geld
für die Löhnung war, den Weg und entriß es dem Verant-
wortlichen, und er wäre fast umgebracht worden. Sie nahmen das Maultier mit allem, was darauf war, und gingen
fort, und kein Hahn krähte danach. Die Summe betrug
12.000 Dinar – alles Geld, das 'Alî ibn Abî'l-Djûd aus
Konfiskationen zusammengebracht hatte, wobei er die vornehmen Kaufleute und reichen Bürger geschlagen und eingesperrt hatte – und nun war das Geld weg, und man konnte
nichts damit anfangen!

Am Ende dieses Monats beendete der Sultan die Auszah-
lung der Huldigungsprämie an die Soldaten. Er hatte fast
anderthalb Jahre dazu gebraucht und hatte immer den Vorwand gebraucht, das Geld zu sammeln, bis seine Macht
florierte und das Fundament seiner Regierung sich gefestigt
hatte. Das hatte Atabeg Qait ar-Radjabî eingefädelt, damit
die dauernden Meutereien sich legten.

Zu den Ereignissen gehört, daß am Samstag, dem Mo-
natsletzten, Özdemir der Dawâdâr zur Zeit des Morgengebetes zur Zitadelle stieg. Als er die Qulla-Pforte an der
Zitadelle erreichte, flog unversehens ein Pfeil aus einer der
Mamlukenkasernen. Der Pfeil traf ihn unter der Achsel und
zerriß seinen Mantel. Als das passiert war, nahm er den Pfeil
des Schützen, brachte ihn zum Sultan und sagte zu ihm:
»Wenn du mich schon umbringen willst, dann laß wenigstens
die Djulbân-Mamluken mich nicht umbringen!« Der Sultan
schwor beim heiligen Buch, daß er überhaupt keine Ahnung

davon gehabt hätte. Dann schickte er nach den Vorstehern der Kasernen, schlug einige von ihnen und zwang sie, herauszufinden, wer das getan hatte. Schließlich kam heraus, daß ein Mamluk, von dem es heißt, er sei ein Bruder von Atabeg Qait ar-Radjabî, das getan hätte. Der Sultan befahl, ihn nach Damaskus zu verbannen, und er zog am gleichen Tage aus. Das war einer der übelsten Mamluken, und man sagt, er habe einige Morde auf dem Gewissen.

Djumâdâ I (2. November–1. Dezember)
Am ersten Tag des Monats verlieh der Sultan ein Ehrenkleid an 'Alî ibn Abî'l-Djûd und ernannte ihn zum Aufseher der Frommen Stiftungen anstelle von Muhammad ibn Jûsuf. So wuchs die Macht des Ibn Abî'l-Djûd, und er zog die Halskrause an und ritt auf einem Pferd, gestiefelt und gespornt, und wurde zu den großen Funktionären Ägyptens gerechnet; denn er hatte nun sowohl die Verwaltung des Schatzhauses inne als auch die Aufsicht über die Frommen Stiftungen und das Amt des Stewards des Sultans; er referierte ferner über das Büro des Wezirs und des Majordomus und der Privatschatulle und hatte noch andere Ämter. So hatte er alles Sagen, und er handelte in den Angelegenheiten des Königreichs, wie er wollte. Er hatte alle anderen Zivilbeamten in der Hand, und alle Leute waren ihm zu Diensten, und nicht einer von den Kaufleuten und Zivilbeamten konnte sich vor ihm schützen. Er praktizierte gemeinste Unterdrückung in Ägypten . . . Die Leute waren ihm gegenüber völlig verängstigt, und heftiger Schauder erfüllte ihre Herzen um seinetwillen. So begann der Sklave seinen Herrn bei 'Alî ibn Abî'l-Djûd anzuschwärzen und forderte sein Recht gegen seinen Herrn. Ebenso die Frau – wenn sie mit ihrem Mann Streit hatte, verklagte sie ihn bei Ibn Abî'l-Djûd. Wer immer einen Feind hatte, verklagte ihn bei ihm, verleumdete

ihn und sagte: »Der da hat Geld«, und dann nahm er den Besitz jenes Mannes weg und nahm von ihm mehr, als man schätzen kann, und machte den Leuten die Hölle heiß. An seiner Pforte waren etwa hundert Boten; denn die Handwerker gaben ihre Arbeit auf und arbeiteten als Boten bei Ibn Abî'l-Djûd. Die meisten Leute verklagten ihre Feinde nur noch bei ihm, so daß seine Pforte wichtiger war als die Pforten aller Amtsträger unter den Tausender-Emiren. Das aber war die Hauptursache für 'Alî ibn Abî'l-Djûds Verderben, wie wir hören werden. Doch in jenen Tagen nahm seine Tyrannei immer weiter zu, so daß man sogar im Lande Ibn Osmans, des Königs von Byzanz, von ihm redete und auch in den östlichen Gebieten, wie Diyarbekir und anderen Städten im Lande, weil er die (Waren der) anatolischen und griechischen Kaufleute konfiszierte und so grausam zu ihnen war. Der Sultan hatte nämlich den Ibn Abî'l-Djûd gezwungen, jeden Monat 12.000 Dinar für den Sold aufzubringen, nichts weniger, und das war wirklich eine Ungerechtigkeit! Ibn Abî'l-Djûd verlor in diesen Tagen jedes Maß und verärgerte die Stützen des Staates insgesamt, ob es Emire oder Zivilbeamte waren, und selbst die Könige des Orients, wegen der griechischen Kaufleute, die so sehr unter seinen Konfiskationen zu leiden hatten. Und das alles trug zu seinem Ruin bei . . .

Er stammte von den Marktleuten in der Salîba ab, und sein Vater war ursprünglich ein Zimmermann namens Meister Hasan. Dann befaßte er sich mit der Herstellung von Süßwaren und nannte sich Abî'l-Djûd und verkaufte lange Zeit Halwa am Tor des Schaikhô-Bades. So ging das, bis er starb. Sein Sohn blieb in seinem Laden und pflegte eigenhändig im Ramadân *muschabbak* zu backen, und so blieb das lange Zeit. Dann begann er, in einigen Abteilungen des Wezirats zu referieren und ließ den Süßwarenverkauf. Danach wurde er Steward bei Taghribirdi, dem Majordomus; dann bemühte er sich, Steward Tuman Bays zu werden, als dieser Großdawâdâr war. Und als letzterer Sultan wurde und Qansauh al-Ghûrî zum Großdawâdâr machte, strengte er sich an, bei diesem Steward zu werden. Und als Ghûrî Sultan wurde, gewann er dessen Gunst und verlor jedes Maß, und dann passierte all das, was wir eben berichtet haben. Er unterdrückte die Leute derartig, daß er den Hafen Alexandria ruinierte und ebenso Damiette und Djidda und andere Häfen, weil er die Waren der Kaufleute beschlagnahmte. So veröderten die Häfen und Handelszentren, und die Zolleinnahmen nahmen ab, bis die Grenze überschritten war. Und die Leute zitterten alle vor 'Alî ibn Abî'l-Djûd, und er war allgemein hochgeachtet in Kairo. Es war, wie man sagt:

> Wenn der Gemeine hohen Rang erreicht,
> So schmeichle ihm, und warte, wie es geht.
> Wenn er die Hand ausstreckt, so küsse sie,
> Solange du sie nicht abschneiden kannst!

Scha'bân (30. Januar–27. Februar)

Am Freitag, dem 31., starb mein seliger Vater, Asch-Schihâbî Ahmad, Sohn des seligen Iyâs al-Fakhri min Djunaid. Der stammte von den Mamluken des Zâhir Barqûq ab und wurde zweiter Dawâdâr unter Nâsir Faradj ibn Barqûq. Mein Vater lebte etwa vierundachtzig Jahre, und er hatte fünfundzwanzig Kinder, Jungen und Mädchen, abgesehen von den Fehlgeburten. Davon blieben drei, zwei Jungen und eine Tochter, am Leben. Er verkehrte viel in Freundschaft mit den Emiren und den Staatsstützen – Gott sei ihm gnädig! –, und er gehörte zu den wohlbekannten Mamlukennachkommen.

In diesem Monat kamen Nachrichten aus Mekka, daß

Djâzânî, der Sohn des Emirs von Mekka, mit seinem Bruder Scharîf Barakât Krieg führte und ihn besiegt hatte. Dann sammelte Djâzânî die Banû-Ibrâhîm-Beduinen und griff Mekka an, ließ seine Einwohner über die Klinge springen und raubte die Güter der Kaufleute und die Herden in Mekka. Und wenn nur einer von den Banû Ibrâhîm seinen Speer vor die Tür irgendeines Hauses oder einer Hürde in Mekka steckte, dann gehörte ihm alles, was darin war, Stoffe oder Waren oder Gewürze, und der Hausbesitzer zog allein aus, ohne Geld und ohne Güter, und manchmal brachten sie ihn auch um. Dann überfiel Djâzânî Tani Bek al-Djamâlî, der Atabeg der Soldaten in Ägypten gewesen und nach Mekka verbannt worden war. Als er ihn überfiel, verlangte er Gold von ihm. Er entschuldigte sich (daß er keins habe); da band Djâzânî ihm die Geschlechtsteile mit einer Bogensehne zusammen und folterte ihn so lange, bis er starb; dann nahm er sein Vermögen. Er überfiel auch Nâsirî Muhammad ibn Djânim, den Ex-Statthalter von Damaskus, und nahm alles, was in seinem Haus an Mobiliar und Stoffen usw. war. Nâsirî Muhammad starb ganz kurz darauf vom Schock, er und auch seine Mutter, Prinzessin al-Djarkasiya, die Gattin des Sultans Djaqmaq. Djâzânî überfiel auch Ahmad ibn al-'Ainî, der sich aus religiösen Gründen in Mekka niedergelassen hatte, und raubte alles, was er im Hause hatte; Ibn al-'Ainî und seine Familie flohen in das heilige Medina. Er überfiel Daulat Bay as-Saifî Qânibek, den Leiter der in Mekka stationierten Soldaten, und raubte alles, was in seinem Hause war, und massakrierte eine große Anzahl der dort Stationierten und der Bewohner Mekkas, etwa siebenhundert Menschen, bis die meisten Bewohner Mekkas flohen und über das Rote Meer nach Kairo kamen. Diejenigen, die in Mekka zurückblieben, kauften sich mit sehr viel Geld los. Und das gehört zu den abscheulichsten

und gräßlichsten Ereignissen! Mekka wäre fast völlig zerstört worden . . .

Ramadân (28. Februar–29. März)

Am Ende des Ramadân entzog der Sultan seine Gunst dem
'Alî ibn Abî'l-Djûd und ließ ihn in der Khâzindar-Kaserne
arrestieren. Dann ergriff er seine Angehörigen und Diener,
versiegelte seine Einkünfte und Häuser und ordnete Über-
wachung für seine Frauen an. Heimsuchung umgab ihn von
allen Seiten, und das war das Ende seines Glücks und der
Beginn seines Falls.

Schawwâl (30. März–27. April)

Der Sultan verlieh ein Ehrenkleid an den Hâdjdji Barakât
ibn Mûsâ. Sein Vater Mûsâ war ein Beduine, und seine
Mutter hieß 'Anqâ. Barakât ibn Mûsâ hatte zu den Jungen
in der Falknerei gehört, die die Vögel auf der Hand tragen.
Dann war er eine Zeitlang Reiter bei Sultan Mu'ayyad Ahmad ibn Inal und wurde zum Steward des Sultans ernannt
und zum Referenten über die Abteilung »Gewürze« und
andere Staatsangelegenheiten, anstelle von 'Alî ibn Abî'l-
Djûd. Und nun erschien Barakât ibn Mûsâ zum ersten Mal
und wurde erstmals in der Verwaltung bekannt, und es ging
gewaltig aufwärts mit ihm. Er wurde unter die vornehmen
Funktionäre Ägyptens gerechnet, und danach nahm seine
Macht noch zu.

Am Montag, dem 20., verließ der *maḥmal* Kairo. Der
Leiter der *maḥmal*-Gruppe war Atabeg Qait ar-Radjabî,
und der der ersten Gruppe Anas Bay, einer der Tausender-
Emire. Der Sultan verkündete in Kairo, daß in diesem Jahr
keine Frau die Pilgerfahrt unternehmen sollte, weil er die
Übeltaten der Beduinen gegen die Pilger fürchtete.

Am Mittwoch, dem 21., ließ der Sultan den 'Alî ibn Abî'l-

Djûd im Sultanshofe vorführen und ihm rund zwanzig Peit-
schenhiebe geben, so daß seine Seite aufriß und er dem Tode
nahe war; aber niemand bedauerte ihn, wegen all der Grausamkeiten, die er den Leuten angetan hatte – und er wurde
da ergriffen, wo er sich sicher fühlte.

Dhu'l-qa'da (28. April–27. Mai)
Am 7. Dhu'l-qa'da, dem 18. Bashans der Kopten, zog der
Sultan das Wollgewand aus, legte das weiße Gewand an und
begann, Polo zu spielen. Aber dreizehn der Tausender-
Emire waren abwesend – einige im Hidschaz, andere in der
Ost- oder der Westprovinz und in Oberägypten und anderen
Gebieten. – Dann begannen die Emire, die sich zur Be-
kämpfung der Beduinen gewandt hatten, die Köpfe der
jungen Beduinen abzutrennen und in Strohkörben auf Ka-
melen nach Kairo zu schicken. Und man hörte, daß Emir
Tarabay eine Anzahl Beduinen mit Sägen von Kopf bis Fuß
zersägt und viele andere geschunden hatte, auch Recht-
schaffene (?), bis wieder Ordnung im Land herrschte. Mehr
als zweitausend Beduinen wurden getötet, und von da an
legte sich die Unruhe in der Ost- und der Westprovinz ein
wenig.

Dhu'l-hidjdja (28. Mai–25. Juni)
Am Opferfest wurden die Arbeiten am Bau der Madrasa des
Sultans abgeschlossen, die er in der Scharâbîschiyîn-Straße
errichtet hatte. Er gab dort in dieser Nacht ein großartiges
Bankett, bei dem der Kalif und die vier Qadis und die
vornehmen Zivilbeamten und Emire anwesend waren. In
dieser Nacht erschienen die Koranrezitatoren des Landes
und die Prediger, und er gab ein prächtiges Mahl und arrangierte dort eine großartige Illumination. Die Läden vom
Bâb Zuwaila bis nach al-Schawwâyîn wurden dekoriert;

runde Gestelle mit brennenden Lampen waren aufgehängt, und es war eine spektakuläre Nacht. – Ich sage: Das Fundament dieser Madrasa hatte der Eunuch Mukhtass gelegt, der zur Zeit Zâhir Qansauhs, des Onkels von Sultan Nâsir Muhammad, Leiter der Schenken-Truppe war. Als Qansauh al-Ghûrî Sultan wurde, entzog er dem Mukhtass seine Gunst, verhaftete ihn, konfiszierte (sein Gut) und legte ihm die Zahlung einer beachtlichen Summe auf. Da gab er ihm diese Madrasa als Teil des Geldes, das ihm auferlegt war. Etwas davon hatte er schon gebaut. Als Ghûrî sie in Besitz bekam, riß er nieder, was Mukhtass erbaut hatte, erweiterte den Bau und nahm den Djamlûn-Markt und die darum liegenden Märkte dazu. Er ließ das Äußerste an Dekorationen und Marmor und Baukunst (daran tun), und so wurde die Madrasa außerordentlich schön, elegant und glanzvoll, so daß in unserem Jahrhundert nichts dergleichen errichtet worden ist. Aber die Leute schmähten ihn, weil das Geld für diese Madrasa aus Unterdrückungen aller Art und aus Konfiskationen kam und weil er den meisten Marmor dafür von verschiedenen Stellen zum allerniedrigsten Preis gekauft hatte und weil er die Halle des Bankiers Shamaul des Juden zerstört und ihren Marmor und ihre Türen für sich genommen hatte.

Ähnliches hatte er auch mit einer Anzahl von anderen Hallen getan. So nannten einige Witzbolde diese Madrasa *Al-masdjid al-ḥarâm* (die »heilige« oder die »aus verbotenem Gut erbaute« Moschee), weil in ihr so viel widerrechtlich angeeignetes Gut verwendet war und die Ausgaben für den Bau zweifelhafter Herkunft waren. Die Leute hatten zuvor Sultan Mu'ayyad Schaikh noch mehr beschimpft, als der seine Moschee nahe dem Bâb Zuwaila baute; denn die Ägypter können ihren Mund nicht halten, wenn sie einmal über die Leute reden, wie man sagt:

Es ist Pech für jemanden, daß er zu seiner Zeit
Getadelt wird für seine Taten, während er es gut meint.

Dann befahl der Sultan den Austausch der Kaufhalle des Amîr 'Alî, die seiner Moschee gegenüberlag und zu den Stiftungsgütern der Nâsiriyya-Madrasa gehörte. Als er sie (gegen andere Gebäude) austauschte, . . . riß er sie nieder und baute an ihrer Stelle das Mausoleum, das Grabmal, die Zisterne, den Brunnen und andere Plätze.

Am Freitag, dem 18., kam der Pilgerbote und brachte Nachricht, daß Atabeg Qait die Banû-Ibrâhîm-Beduinen aus Mekka vertrieben habe, daß Djâzânî davongelaufen und ihm nicht gegenübergetreten sei und daß er Mekka befriedet habe. Er habe Barakât, seinen Bruder Qaitbay und eine Menge seiner Brüder in Ketten gelegt und werde sie mitbringen. Als der Sultan sicher war, daß die Nachricht stimmte, ließ er die Trommeln auf der Zitadelle und an den Türen der Emire schlagen und verkündete, Kairo solle sieben Tage lang geschmückt werden, und es wurde überaus prächtig geschmückt, sogar das Innere der Märkte. Der Schmuck blieb für sieben Tage hängen, und die Leute waren grenzenlos fröhlich und vergnügt.

Das Jahr 909 d. H.

Muharram (26. Juni–25. Juli)

Aus Mekka kamen Nachrichten, daß Atabeg Qait ar-Radjabî den Djâzânî gefangengenommen hätte, und der Sultan freute sich über diese Nachricht und verkündete, daß Kairo wiederum geschmückt werden sollte. Dann wurde klar, daß die Nachricht nicht stimmte, sondern falsch war, weil er Djâzânî nämlich gar nicht gefangen hatte, und die Leute ärgerten sich, daß sie den Schmuck umsonst erneuert hatten.

Am Montag, dem 23., ordnete der Sultan an, ʿAlî ibn Abî'l-Djûd zu hängen. Er wurde am Bâb Zuwaila aufgehängt und blieb dort drei Tage hängen, ohne begraben zu werden, bis er stank und verweste. Dann nahmen sie ihn ab und begruben ihn, und nicht einer trauerte über ihn oder sagte »Gott erbarme sich seiner!«, weil er den Leuten so viele scheußliche Dinge angetan hatte.

Safar (26. Juli–23. August)

Der Sultan begann mit dem Ausbau des Hippodroms unterhalb der Zitadelle. Er ließ die Umfassungsmauern erhöhen und den Boden mit viel Lehm bedecken, etwa vier Ellen hoch. Das tat er an der Westseite des Hippodroms. Dann ließ er die Erde ebnen und breitete Kieselsteinchen darauf aus. Danach begann er, auf dem Hippodrom einen Pavillon und einen Saal für die Rechtsprechung zu errichten und an der Westseite ein großartiges Schloß, einen Aussichtspunkt, ein Bassin und andere prächtige Gebäude. Darauf ließ er Bäume bringen – Obstbäume und verschiedene andere Bäume, Duftkräuter und anderes; die wurden an der Westseite des Hippodroms angepflanzt. Dann leitete er Wasser dorthin, sowohl von den Schöpfrädern am Qarâfa-Tor als auch von denen an der Hadhrat al-Baqar. Dann errichtete er oberhalb des Tors des Hippodroms ein (kleines) Schloß, das zur Ramla blickt, und gab dem Hippodrom ein großes Tor und baute einen Fußweg mit Stufen von der Zitadelle zum Hippodrom neben diesem Schlößchen, das die Ramla überblickt. Er versah das Hippodrom mit einem großen Tor mit einer eisernen Kette, und daneben war noch ein kleines Tor, auch mit einer Eisenkette. Dann befahl er, den Brunnen Sabîl al-mûminî zu reparieren, und gab ihm ein Dachgewölbe aus behauenen Steinen; daneben baute er ein Becken und ein Wasserrad und einen Waschplatz für die Toten sowie einen Platz für Gebetswaschungen und andere nützliche Dinge. Es heißt, der Sultan habe von Anfang bis Ende rund 80.000 Dinar für den Bau dieses Hippodroms ausgegeben, aber mit diesem Bauwerk geschahen ihm sonderbare Dinge, die keinem anderen Sultan passiert sind. Die meisten seiner Gala-Empfänge fanden dort statt, und er hielt dort seltsame Gerichtsverfahren ab und hatte wunderbare Zeiten.

[Atabeg Qait kehrt mit seinen Gefangenen aus Mekka zurück; der Sultan löst dem Emir Barakât die Fesseln.]

Rabî' II (23. September–21. Oktober)
Am Freitag, dem Beginn des Monats, wurde die Freitagspredigt in der Moschee des Sultans gehalten, die er in Scharâbîschiyîn erbaut hatte. Nun war sie fertig und war überaus schön dekoriert. Er hatte ihr ein Minaret mit vier Spitzen gegeben – er war der erste, der so etwas machte. Die Arbeit an der Madrasa gegenüber der Moschee war auch abgeschlossen. Dort baute er über dem Mausoleum eine große Kuppel und bedeckte sie mit blauen Fliesen. Aber die Leute ließen sich davon gar nicht beeindrucken. Der erste, der in

dieser Moschee predigte, war der schafiitische Oberqadi von Damaskus, Schihâbî Ahmad ibn Farfûr. Er zog ein schwarzes Gewand zum Predigen an. Qadi ʿAbdul Qâdir al-Qasrawî hatte ihn zum Predigtstuhl hinaufsteigen lassen. An diesem Tage war der Kalif anwesend, sowie die vier Qadis . . ., die meisten Tausender-Emire, der Sohn des Sultans, die vornehmen Zivilbeamten insgesamt und eine gewaltige Menge von Zehner-Emiren, Gardisten und Vornehmen, und Scharâbîschiyîn wurde an diesem Tage geschmückt. Es war ein spektakulärer Tag! Der Sultan verlieh an diesem Tag dem Oberqadi ʿAbdul Barr ibn Schihna ein Ehrenkleid, weil er das Urteil abgegeben hatte, daß in dieser Moschee die Freitagspredigt rechtmäßig gehalten werden könnte. Er verlieh ein großartiges Ehrenkleid an Inal, den Aufseher des Baus, und gab ihm den Rang eines Zehner-Emirs. Er verlieh auch an diesem Tag Ehrenkleider an viele Ingenieure, Bauarbeiter, Marmorarbeiter, Zimmerleute und andere Handwerker, die an der Moschee gearbeitet hatten, und gab jedem einzelnen Arbeiter 1.000 Dirhem.

Djumâdâ I (22. Oktober–20. November)
Der Sultan verkündete in Kairo, daß alle Ladenbesitzer die Fußwege abtragen sollten, etwa eine Elle; denn die Bürgersteige waren allzu hoch geworden. Als der Sultan das anordnete, erlitten die Leute gewaltigen Schaden, weil sie soviel Mühe davon hatten; denn sie wurden angetrieben, es möglichst schnell zu tun, und es gab kaum noch Erdarbeiter, weil die Sache so eilig war. Ich sagte:

> In der Regierung al-Ghûrîs und durch seine Grausamkeit
> Ertrugen wir mehr, als wir konnten:
> Er hat genug getan, so daß es
> Geringe Sicherheit gab und »Abschneiden der Wege«
> (auch: »Straßenräuberei«).

Der Sultan dachte ernsthaft daran, daß der *maḥmal* im Radjab umhergeführt werden und Lanzenspieler nach alter Sitte spielen sollten. Diese Sitte war 872 (1468) zur Zeit des Zâhir Khuschqadam abgeschafft worden, und die Leute hatten diese Kunst seit damals vergessen; der Sultan wollte sie nun wiederbeleben, damit man sich einst daran erinnern sollte, daß er derjenige König war, der sie wieder eingeführt hatte...

Djumâdâ II (21. November–19. Dezember)
Der Sultan setzte sich in den Pavillon und befahl den Lanzenreitern, vor ihm im Hippodrom aufzutreten. So zogen sie auf, während er dasaß, von den Emiren umgeben, und als sie exerzierten, tadelten die Qarânisa-Mamluken sie und fanden Fehler in der Art, wie sie mit der Lanze umgingen, verglichen mit der Kunst, mit der die früheren Truppen es geübt hatten...

Radjab (20. Dezember–18. Januar)
Es erhob sich ein gewaltiger Sturm, so daß sich der Himmel verfinsterte, und an diesem Tage fielen etliche Gebäude zusammen und wurden beschädigt [?]. Kurz darauf kamen Nachrichten aus Damiette, daß der Wind an diesem Tage dort sehr stark gewesen sei, so daß eine Sturmflut kam und eine Anzahl Gärten in Damiette überschwemmt wurden, und ebenso in Fariskur. Die Leute dort erlitten gewaltigen Schaden, und eine Anzahl Boote sank mitsamt den Reisenden, die darin waren, und das war eine fürchterliche Sache.
Am Montag setzte sich der Sultan in den Holzpavillon *(khargâh),* der die Ramla überblickt, und die Lanzenreiter exerzierten vor ihm in der Ramla. Dann wurden der edle Überwurf der Kaaba und der *maḥmal* umhergeführt, zweimal, frühmorgens und am Nachmittag, so, wie es früher

gemacht worden war. Und selbst die Mädchen in ihren Schleiern gingen hinaus, um den *maḥmal* zu sehen, nachdem man schon vergessen hatte, wie das war, und die Leute kamen in Scharen von Khankah und Bilbais und verschiedenen anderen Orten, um die Lanzenreiter und den *maḥmal* zu sehen. Das Volk machte sogar ein Tanzliedchen daraus und sang:

> Verkauf Bettdecke und Matratze,
> Damit ich die Lanzenspieler sehen kann,
> Verkauf mir meine Bettdecke,
> Damit ich sehe, wie der *maḥmal* aussieht!

Und die Leute waren grenzenlos vergnügt und übermütig. Als der Tag zu Ende war, verlieh der Sultan dem Emir Timur, dem Trainer der Lanzenreiter, ein Gewand aus Doppel-Atlas und den vier Vorreitern eine *kâmiliyya* mit Zobelpelz, und so gingen sie nach Hause.

Ramadân (17. Februar–17. März)

Am 17. Ramadân ergriff der Präfekt vier ordinäre Individuen, die er in einem Garten fand, zusammen mit einer Frau – die aßen am Tage gesalzenen Fisch! Es heißt auch, sie seien möglicherweise betrunken gewesen. Als er sie packte, rannte die Frau davon; so nahm er die Männer mit, peitschte sie aus und zeigte sie öffentlich in Kairo; dann sperrte er sie in der Maqschara ein, und da blieben sie lange Zeit.

Schawwâl (18. März–15. April)

In diesem Monat passierte es, daß Scharîf Barakât, der Emir von Mekka, der sich im Hause des Atabegs Qait aufhielt, mit seinen Brüdern aus dessen Haus in der Ezbekiyya floh. Der Sultan hatte dem Scharîfen Barakât und seinen Brüdern eine ansehnliche Summe Geldes auferlegt, aber das paßte ihnen nicht, und so flohen sie unversehens. Als der Sultan das hörte, ärgerte er sich und schalt den Atabeg deswegen, und in der Sitzung kam es zu einer Auseinandersetzung zwischen Qorqmas, dem Waffen-Emir, und dem Atabeg Qait. Qorqmas sagte zu Qait: »Du, das ist alles dein Werk, du bist es, der sie hat weglaufen lassen!« In ihrem Streit gingen sie so weit, daß der Sultan sich einmischte und sie befriedete, und sie versöhnten sich, aber zum Bösen.

Dhu'l-hidjdja (16. Mai–13. Juni)

Unter den Leuten verbreitete sich das Gerücht, daß 'Ambar, der Aufseher der Mamluken, geflohen sei und sich nach Takrur gewandt habe. Der Grund war, daß der Sultan von ihm Geld verlangte, das er nicht beibringen konnte; so rannte er davon und dachte, daß sich die Sache verbergen ließe. Dann, nachdem vier Tage vergangen waren, ergriff man ihn und brachte ihn vor den Sultan, der befahl, ihn in der Arqâniyya einzusperren. Man sagt: als er gefaßt und vor den Sultan gebracht wurde, schnauzte der ihn an und sagte: »Warum biste denn weggelaufen, wo du doch Mamluken-Aufseher und Zehner-Emir bist?« Da sagte 'Ambar: »Weglaufen ist nun mal bei schwarzen Sklaven üblich!« Dem Sultan gefiel seine Antwort.

Am Donnerstag, dem 22., starb Prinzessin Fâtima, die Tochter des 'Alâ'î 'Alî ibn Khâssbek. Sie war die Gattin des Sultans Qaitbay gewesen; dann heiratete sie nach ihm Sultan 'Âdil Tuman Bay, und es heißt, sie habe auch Qansauh Fünfhundert heimlich geheiratet. Sie gehörte zu den berühmtesten Prinzessinnen und war außerordentlich reich. Nach ihrem Tode kam ein großartiger Nachlaß ans Licht. Sie blieb im Prinzessinnenrang und war die »Herrin der Halle« für etwa dreißig Jahre und genoß unglaubliche Macht, wie keine andere Prinzessin. Sie starb mit etwa sechzig Jahren, und nach ihrem Tod wurde sie unter einem Brokat-Baldachin hinausgetragen. Die vier Qadis und die Tausender-Emire gingen zu Fuß vor ihr her, und der Sultan kam herab, um am Sabîl al-mûminî das Totengebet über sie zu sprechen, und die Leute raubten die *kaffâra* (Sühnealmosen) vor ihr, als sie am Beginn der Salîba ankamen, und sie hatte eine großartige Beerdigung. Am Ende ihres Lebens hatte sie Heimsuchungen und Quälereien erlitten. Beispielsweise stürmten die Djulbân-Mamluken ihr Haus an der Sunqur-Brücke und wollten Sonderlöhnung von ihr und redeten ganz frech und wollten sie umbringen. Es war eine Gruppe von Mamluken, die zu Aqbirdi ad-Dawâdâr gehörten. Als Sultan Nâsir (Muhammad) das erfuhr, stellte er sich auf ihre Seite und ließ in Kairo ausrufen, daß absolut kein Mamluk zum Hause der Prinzessin, der Gattin Qaitbays, gehen und sich auch nicht an ihrer Tür aufhalten dürfe; wer das täte, würde ohne Pardon aufgehängt. So ließen sie von ihr ab. Der Grund war der, daß die Mamluken gehört hatten, sie hätte heimlich Qansauh Fünfhundert geheiratet, und als der getötet worden war, legten sie sich mit ihr an und verlangten Sonderlöhnung. Da versteckte sie sich in ihrem Hause. Außerdem konfiszierte Sultan Zâhir Qansauh (Teile ihres Vermögens) und forderte von ihr eine erkleckliche Summe und stellte sie unter die Aufsicht einer Anzahl Mamluken, bis sie gezahlt hatte, was ihr auferlegt war. Ebenso nahm Sultan an-Nâsir (Muhammad) eine Menge Geld von ihr. Dann heiratete sie Sultan 'Âdil Tuman Bay und blieb zwei Monate bei ihm, und dann passierte ihm, was passierte (d. h. er wurde getötet). Danach wurde sie krank; sie hatte lange Zeit ein bösartiges Geschwür an der Wange. Als die Krankheit sich verschlimmerte, zog sie nach Bulaq, wo sie starb. Sie wurde tot in ihr Haus an der Sunqur-Brücke getragen, und von dort ging der Leichenzug aus.

Das Jahr 910 d. H.

(14. JUNI 1504–3. JUNI 1505 N. CHR.)

Rabî' I (12. August–10. September)
Am Freitag, dem 19., ließ der Sultan den Qadi Badruddîn ibn Muzhir ergreifen, der die Geheimschreiberstelle verwaltete, und setzte ihn ab. Der Sultan schickte einen Türsteher zu seinem Haus am Ratlî-Teich, der sagte zu ihm: »Steh auf, rede mit dem Sultan!« So stand er auf und ging mit ihm auf die Zitadelle. Als er vor dem Sultan stand, schnauzte der ihn an; dann ließ er ihn in Ketten legen und setzte ihn in der Arqâniyya gefangen. Der Grund dafür war, daß der Sultan gehört hatte, Badruddîn sei mit Atabeg Qait zusammengekommen und habe ihm gesagt: »Mach dich auf, werde Sultan – *ich* garantiere dir den Huldigungslohn!« Es hieß auch, daß er Listen mit den Namen einer Menge Leute aus dem Gefolge des Sultans gemacht und für jeden eine erkleckliche Summe Geldes (zur späteren Zahlung) festgelegt habe; in diesen Listen seien auch eine Reihe Zivilbeamte und andere aufgeführt gewesen, ja, sogar der Name des Sohnes des Sultans, Khairbeks des Schatzmeisters, Barakât ibn Mûsâs und anderer aus der Umgebung des Sultans. Deswegen redeten die Gegner allerlei über Badruddîn und nahmen den Sultan gegen ihn ein, und dann erging es ihm ganz übel. [Er starb im Radjab nach entsetzlichen Folterungen.]

Rabî' II (11. September–9. Oktober)
In diesem Monat beschäftigte sich der Sultan mit der Reparatur der Baisariyya-Halle, der Säulenhalle und anderer Plätze in der Zitadelle. Er erneuerte die Konstruktion und dekorierte sie überaus reich, doch dadurch passierte viel

Schaden. Er befahl nämlich dem Qadi Schihâbuddin Ahmad, dem Heeres-Intendanten, den Marmor aus dem Saale
seines Vaters, des Intendanten der Privatschatulle, Jûsuf, zu
reißen – eines Saales, der »Halbe Welt« genannt wurde. In
dem war so kostbarer Marmor, wie man ihn sonst nicht
findet. Jûsuf hatte sein ganzes Leben darauf verwandt, diese
Halle zu bauen, und nun ließ der Sultan nicht locker, bis er
den Marmor von »Halbe Welt« herausgebrochen und zur
Baisariyya-Halle, der Säulenhalle und anderen Plätzen in
der Zitadelle gebracht hatte, die er restaurierte. So geschah
den Söhnen des Intendanten Schlimmes, und die Sache ist
wirklich abscheulich. Wenn der Sultan diesen Marmor wenigstens in seine Madrasa gebracht hätte! Das wäre besser
gewesen, als ihn in der Baisariyya-Halle zu verwenden, wie
man sagt: »Mach mich arm, aber für jemand, den ich liebe
und ohne den ich's nicht aushalten kann!« Ich sagte darüber
den Anfang eines volkstümlichen Gedichtes *(zadjal):*

> Ja, unser Sultan ist grausam,
> Und uns're Geduld ist erschöpft:
> Er treibt's immer weiter mit Frevel,
> Zerstört schon die Halbe Welt!

Djumâdâ I (10. Oktober–8. November)
In diesem Monat wurde die Madrasa fertig, die der Sultan
gegenüber seiner Moschee in Scharâbîschiyîn erbaut hatte.
Er errichtete dort ein Mausoleum für sich mit einer Kuppel
darüber und baute eine Zisterne und eine Koranschule. Er
ernannte für diese Madrasa Fromme, die regelmäßig An-
dachten halten sollten; Sufis, die am frühen Morgen und am
Nachmittag anwesend sein sollten . . . Diese Madrasa gehörte zum Schönsten in ihrer Zeit, besonders in diesem Viertel,
wo noch nie ein Sultan etwas gebaut hatte – zum Glück für
Qansauh al-Ghûrî! Der Platz war ursprünglich eine Markt-

69

halle, genannt »Halle des Emirs ʿAlî«, Teil der Frommen Stiftung Sultan Nâsir Muhammads ibn Qalaun; dann wurde sie ausgetauscht. – Dem Ghûrî passierten so sonderbare Dinge wie keinem anderen König. So z. B. die Überführung der heiligen Reliquien des Propheten von ihrem Platz, der den Nil überblickt – die brachte er in seine Madrasa, was zu den merkwürdigen Ereignissen gezählt wurde. Der Sâhib Bahâ'uddîn ibn Hannâ hatte sich sehr bemüht, diese edlen Reliquien heranzubringen, die bei einigen Banû Ibrâhîm in Janbûʿ waren, und er redete ihnen lange Zeit gütlich zu, bis er sie ihnen schließlich für 60.000 Dirhem – alte Dirhem! – abkaufte. Dann brachte er sie nach Ägypten und baute eine kleine Moschee für sie, nahe dem Nil, und die Leute pflegten sie jeden Mittwoch zu besuchen. Und als (der Besuch abnahm und) der Ort, in dem die Reliquien waren, verfiel, bat der Sultan die Gelehrten um ein Rechtsgutachten, und sie urteilten, daß sie zu seinem Mausoleum gebracht werden sollten. Das war aber gegen die Bedingung des Stifters! Dann brachte der Sultan auch den Koran ʿUthmâns in seine Madrasa, und das wurde zu den seltsamen Dingen gerechnet. Ferner brachte er auch das gewaltige, mit Gold geschriebene Koran-Viertel aus dem Baktimur-Kloster in der Qarâfa in seine Madrasa. Man sagt, dessen Kaufwert für den Stifter seien 1.000 Dinar gewesen, und kein Koranexemplar wie dieses ist je geschrieben worden, außer einem anderen Viertel, das in der Khânqâh Siryâqûs ist und das Nâsir Muhammad ibn Qalaun ebenso für 1.000 Dinar gekauft hatte, und einem anderen in Medina, das auch in diesem Kloster deponiert wurde. So hatte Aschraf Qansauh so wunderbare Dinge wie kein König vor ihm und bewahrte dort seltsame und höchst seltene Raritäten auf. – Als die edlen Reliquien und der Koran ʿUthmâns in die Sultans-Madrasa gebracht wurden, hatte er einen spektakulären Tag; vor ihm stiegen die vier Qadis, Atabeg Qait und eine Anzahl von Tausender-Emiren hinab, sowie Faqire mit ihren Flaggen aus den kleinen Heiligtümern, die ihre Litaneien rezitierten . . .

Radjab (8. Dezember – 6. Januar)
Am Montag, dem 16., ließ der Sultan den Atabeg Qait ar-Radjabî verhaften, als er mit den anderen Emiren im Hof stand. Man brachte ihn in den Bahra-Saal und ergriff mit ihm den Emir Özbek al-Mukahhal – und an diesem Tag gab es viel Gerede! Dann verkündete der Sultan, daß Frieden und Sicherheit, Kauf und Verkauf in Kairo weitergehe, und die Aufregung legte sich ein wenig. Atabeg Qait war tyrannisch, brutal, finster, ein übler Kerl, tat wenig Gutes, aber viel Schädliches. Er war verantwortlich dafür, daß sieben Monate im voraus von der Miete des Grundbesitzes genommen wurde und die Grundsteuer auf Lehen und Pensionen für ein ganzes Jahr im voraus. Dann sorgte er dafür, daß das Gehalt der Mamlukennachkommen, der Waisen und Frauen abgeschafft wurde, und dadurch litten alle Leute durch ihn überaus großen Schaden. Und wenn er einen Handwerker beschäftigte, gab er ihm keinen Lohn. Und vielerlei Übel kamen in ihm zusammen, und sein Gesicht wurde geschwärzt (d. h., er wurde entehrt) wegen der großen Zahl seiner grausamen Taten . . . Als der Sultan Qait verhaftete und anfuhr, leugnete dieser ab, was über ihn berichtet worden war, doch der Sultan brachte eine Anzahl offizieller Briefe bei, die Qait an die Statthalter geschrieben hatte; da stand alles darin, was man von ihm gesagt hatte, und es wurde klar, daß die Anklagen korrekt waren. So wurde er vor den Emiren bloßgestellt. – Der Grund für die Stimmungsänderung des Sultans war nämlich, daß Qait die feste Absicht hatte, Sultan zu werden, und an Sibay, den Statthalter von Aleppo, geschrieben hatte, er solle rebellieren, so

daß Qait auf einen Feldzug gegen ihn ziehen könnte, und wenn er dann nach Syrien käme, sollten sich ihm die Statthalter von Tripolis und von Aleppo und andere anschließen, und er sollte dort Sultan werden – so, wie es ʿÂdil Tuman Bay gemacht hatte. Als sich das als richtig herausstellte, setzte der Sultan ihn vom Kommando der Soldaten ab, nachdem er ihn zunächst für den Feldzug gegen den Statthalter von Aleppo bestimmt hatte. Dann, kurz nachdem die Sache mit dem (Umzug des) *maḥmal* vorbei war, ergriff er ihn, brachte ihn in den Bahra-Saal, fesselte ihn und legte ihn in Ketten. Darauf nahm der Sultan das Vermögen des Atabegs Qait an sich, lebendes und totes, und ließ ihm nichts. Man fand bei ihm viele Waffen und auch 60.000 Dinar gemünztes Gold, Kriegsgerät, Pferde und vielerlei Stoffe, und der Sultan legte Hand auf all dieses, während Qait unter Bewachung im Bahra-Saal blieb.

Schaʿbân (7. Januar–4. Februar)
Am Samstag, dem 11., ordnete der Sultan an, Qait ar-Radjabî nach Alexandrien zu bringen, und sie brachten ihn in Fesseln und Ketten von der Zitadelle mit einem Pagen mit Dolch hinter ihm, und Özbek al-Mukahhal, einer der Tausender-Emire, ging vor ihm.

[Qorqmas wird an Qaits Stelle Atabeg.]

Ramadân (5. Februar–6. März)
Zu den erstaunlichen Dingen gehört, daß drei Söhne des Qadis Abû Bakr ibn Muzhir, des Geheimsekretärs, in einem einzigen Jahr starben: Badruddîn unter der Folter; Jûsuf hängte sich auf, weil er den Sultan so fürchtete, und Kamâluddîn starb an der Pest. Sie starben kurz hintereinander und waren von schöner Gestalt und anständige Leute.

[Barakât ibn Mûsâ wird Marktprovost.]

[Die Pest nimmt zu.]

Im Schawwâl wurde in Kairo vom Sultan verkündet, daß keine Trauerfeiern mit Tamburins mehr gehalten werden sollten und kein Klageweib einen Toten beklagen dürfe. Dann denunzierte man ein Klageweib, das mit Tamburinen klagte, und Barakât ibn Mûsâ setzte sie auf einen Esel, die Tamburine um ihren Hals gehängt und mit geschwärztem Gesicht. Nachdem das passiert war, ließen die Frauen von diesen schändlichen Praktiken ab. Dann verkündete der Präfekt, daß die Frauen nachts nicht zu Trauerfeiern hinausgehen dürften.

Darauf befahl der Sultan dem Oberkämmerer und dem Präfekten von Kairo, in die Häuser der Christen einzudringen und alle Weinkrüge zu zerschlagen, die sich dort finden ließen, und auch die Plätze niederzubrennen, wo es Haschisch und Boza (eine Art Bier) gab, und sie sollten es dabei nicht (an Gründlichkeit) fehlen lassen.

Dhu'l-qa'da (5. April – 4. Mai)

Am Freitag, dem 6., starb al-Maqarr an-Nâsirî Muhammad, der Sohn des Sultans, der die Oberaufsicht über die Getränkekammer hatte. Er war jung, schön und von anmutiger Gestalt, wunderbar anzusehen. Er war etwa dreizehn Jahre alt, sehr intelligent und quälte die Leute wenig. Das Volk war überaus betrübt und traurig über seinen Tod. Er starb in der Zitadelle, und das Totengebet wurde nach dem Freitagsgebet beim Stern-Tor gehalten. Man brachte ihn über die Treppe Sullam al-madâridj hinab; die Emire gingen vor ihm und brachten ihn zum Darb al-Ahmar durch die Ausfalltür von Aidogmusch. Er hatte einen spektakulären Leichenzug. Am Wezirs-Tor begann der Mob, seine *kaffâra* wegzureißen. Die Emire gingen vor ihm bis zur Madrasa seines

Vaters. Dort wurde er beigesetzt. Kurz danach starb auch eine tscherkessische Konkubine des Sultans, die Mutter seines jüngeren Sohnes. Auch sie wurde im Mausoleum des Sultans begraben.

Das Jahr 911 d. H.

Muharram (4. Juni–3. Juli)

Am ʿAshura-Tag (10. Muharram) stürzte ein Teil des Heiligtums von Husain ein, und etwa zwanzig Leute, Männer und
Frauen, kamen unter den Trümmern um.

Safar (4. Juli–1. August)

In diesem Monat erlaubte der Sultan seiner Gemahlin, zur
Zitadelle zu kommen. Bis dahin war sie noch nie dort gewesen, sondern hatte sich im Haus von Emir Mamay in Baina'l-
qasrain aufgehalten. Der Tag ihres Aufstiegs zur Zitadelle
war spektakulär; sie erschien in einer brokatenen Sänfte in
einem prächtigen Zug. Als sie bei der Zitadelle ankam,
wurde der königliche Schirm mit dem Vogel über ihr getragen; kleine Gold- und Silbermünzen wurden vor ihr ausge-
streut und seidene Läufer vom Stern-Tor bis zur Säulenhalle
ausgebreitet, und vor ihr gingen die Prinzessinnen, bis sie
sich auf der Estrade hingesetzt hatte. Der Sultan hatte damals die Säulenhalle und ihr Dekor restaurieren und verän-
dern lassen.

Rabîʿ I (2. August–31. August)

Am Montag, dem 4., erschien an der Hohen Pforte Sibay
der Statthalter von Aleppo, der gemeutert hatte. ... Dann
erbat er Pardon vom Sultan, und der sandte ihm das »Tuch
der Sicherheit« und befahl ihm, nach Kairo zu kommen. Als
er vor dem Sultan erschien, trug er unter dem Arm ein
baumwollenes Leichentuch, dessen Knöpfe er abgetrennt
hatte. ... Als er den Sultan traf, verlieh dieser ihm eine rote

Samt-*kâmiliyya* mit Zobel, und er ging in prächtigem Zuge hinab.

Djumâdâ I (30. September–29. Oktober)
Am Donnerstag, dem 9., war der Tod unseres Schaikhs, des Hâfiz, des hochgelehrten Djalâluddîn as-Suyûtî. ... Er war ein vortrefflicher Gelehrter, ausgezeichnet im edlen *hadîth* und anderen Wissenschaften, war belesen und eine Rarität in seinem Zeitalter. ... Er hatte etwa sechshundert Werke verfaßt und stand im Range eines Mannes, der selbständig in Wissenschaft und Werken urteilen kann. Er lebte etwa zwei-undsechzig Jahre und ein paar Monate, denn er war im Djumâdâ II 849 (1445) geboren. Er wurde nahe dem Qusun-Kloster außerhalb des Qarâfa-Tores begraben. Es heißt, als er gewaschen wurde, nahm der Totenwäscher sein Hemd und seine Kappe, und jemand kaufte sein Hemd von dem Leichenwäscher für fünf Dinar um des Segens willen, und das Käppchen, das er getragen hatte, verkaufte er für drei Dinar um des Segens willen.

In diesem Monat neigte sich das Minaret der Moschee des Sultans im Scharâbîschiyîn-Viertel, und als es einen Riß zeigte und nahe daran war, einzustürzen, befahl der Sultan, es abzureißen, denn es war oben zu schwer, weil es vier Spitzen hatte. Nachdem es abgerissen war, wurde es besser wieder aufgebaut, denn der obere Teil wurde aus Ziegeln erbaut und diese dann mit blauen Fliesen bedeckt.

Djumâdâ II (30. Oktober–27. November)
Am ersten Tage gab der Sultan die Sonderlöhnung für diejenigen aus, die er für die Expedition nach Indien bestimmt hatte... Die Soldaten, die zu diesem Feldzug auszogen, waren bunt zusammengewürfelt: Mamlukennachkommen und ein paar Sultansmamluken; aber die meisten waren

Maghrebiner und schwarze Sklaven als Bogenschützen, sowie Turkmenen und andere. Der Sultan schickte mit ihnen eine große Anzahl von Bauleuten, Zimmerleuten und Handwerkern für die Türme und die Mauer, die er in Djidda errichten ließ.

Scha'bân (28. Dezember – 25. Januar)

Ein Derwisch aus Oberägypten namens Mahdî erschien. Als er vor dem Sultan stand, wurde klar festgestellt, daß er ein Ketzer und Zauberer war, der die Gebetswaschung mit Milch vollzog und sich auch nach der Verrichtung der Notdurft mit Milch reinigte. Vielerlei solche Dinge, die dem Gesetz zuwiderlaufen, wurden von ihm berichtet. Der Sultan schickte nach dem malikitischen Qadi, der urteilte, daß er auf Grund der aufgeführten Beweise ein Ungläubiger sei. So wurde ihm unter dem Erker der Sâlihiyya-Madrasa der Kopf abgeschlagen, nachdem man ihn erst nackt auf einem Kamel öffentlich gezeigt hatte.

In diesem Monat passierte etwas Nettes: der Schaikh Djamâluddîn as-Sâlimûnî, der Dichter, verspottete den Qadi Mu'înuddîn, den Aufseher des Schatzhauses, mit einer ganz gemeinen Satire, in der es u. a. heißt:

> Sein Geschick übertrifft jedes Geschick:
> Er setzt Rubine auf den Ringstein seines Siegelringes.

Als Mu'înuddîn das hörte, verklagte er Sâlimûnî beim Sultan und sagte ihm, jener verdiene eine gesetzliche Strafe, um ihn zu züchtigen. So ging er hinab, legte Sâlimûnî in Ketten und brachte ihn in das Haus des hanafitischen Qadis 'Abdul Barr ibn Schihna und klagte gegen ihn. 'Abdul Barr schlug Sâlimûnî, züchtigte ihn und zeigte ihn auf einem Esel, entblößten Hauptes, denn es heißt in einigen Berichten, daß der Kalif 'Umar ibn al-Khattâb der erste gewesen sei, der eine Satire auf diese Art bestraft habe. ... Als der Sultan hörte, was Mu'înuddin mit Sâlimûnî gemacht hatte, ärgerte ihn das. Er ließ ihn verhaften und befahl, ihm die Zunge abzuschneiden, denn er hatte gesagt: «Der Sultan hat angeordnet, daß ich Sâlimûnî öffentlich zeige», aber der Sultan hatte nichts dergleichen angeordnet. Mu'înuddîn blieb lange unter Arrest, bis er den Sultan mit einer erklecklichen Summe Geldes versöhnte, so daß dieser wieder mit ihm zufrieden war und ihm ein Ehrenkleid verlieh.

Ramadân (26. Januar–24. Februar)

Im Ramadân entzog der Sultan seine Gunst einem der Türken, Schaikh Sanatbay, der sich als Sufi ausgab. Er lebte in der Sunquriyya-Madrasa gegenüber dem Kloster Sa'îd as-su'adâ. Man hatte ihn beim Sultan angeschwärzt, daß er falsche Gold- und Silbermünzen schlage. So sandte er, ihn festzunehmen. Man fand bei ihm eine Anzahl von falschen Münzen, und er hatte eine ganze Menge Leute um sich, die das machten. Da ordnete der Sultan an, ihnen die Hände abzuschlagen. Für Schaikh Sanatbay setzte sich Atabeg Qorqmas ein, damit ihm die Hände nicht abgeschlagen wurden. So befahl der Sultan, er solle nach Jerusalem gehen und dort ohne Amt leben. Dieser Sanatbay gehörte zu den Mamluken Sultan Qaitbays und tat so, als sei er fromm und rechtschaffen, aber nun wurde sein wahres Gesicht enthüllt, und den Leuten wurde klar, was mit ihm los war.

In diesem Monat endete die Lektüre des *Ṣaḥîḥ* des Bukhârî. Die Schlußfeier fand im Sultanshof statt, wo ein großes Zelt aufgestellt war. Es war alte Sitte, daß der Bukhârî im Schloß gelesen und im großen Schloß beendet wurde und daß dies ein spektakulärer Tag war, an dem Ehrenkleider an Qadis und Gelehrte verliehen wurden, ebenso Geldbörsen. All das wurde abgeschafft, und der Bukhârî wurde in der Zitadellenmoschee gelesen und im Hof beendet, und es war nur eine kurze Weile, dann löste sich die Versammlung einfach auf.

Dhu'l-qa'da (26. März – 24. April)

Am Donnerstag, dem 22., verlieh der Sultan ein Ehrenkleid an 'Abdul Qâdir ibn an-Naqîb und setzte ihn wieder im schafiitischen Qadi-Amt ein. [Sein Vorgänger war rund sechs Monate im Amt gewesen und] hatte sich mit 3.000 Dinar darum bemüht, aber Ibn an-Naqîb bemühte sich gegen ihn mit 5.000 Dinar und bezahlte noch extra 2.000 Dinar an diejenigen, die sich für ihn einsetzten. ... Das war das dritte Mal, daß Ibn an-Naqîb Oberqadi wurde, und er hatte eine erkleckliche Summe dafür ausgegeben und blieb alle drei Male nur ganz kurz im Amt und wurde dann abgesetzt. Es war, wie man sagt:

> Der Geizhals verschwendet seine Zeit mit Geldsammeln
> Und denkt nicht an Tage oder Ereignisse,
> Wie der Seidenwurm – das, was er baut, zerstört ihn,
> Und ein anderer zieht Nutzen aus dem, was er erbaut hat!

Er war von wenig lobenswertem Lebenswandel, von schäbigem Aussehen, ein Schwätzer, den jeder verachtete, der ihn sah. ... Und ein Poet sagte so etwas Gemeines über ihn, daß ich Gott um Verzeihung bitte, wenn ich es zitiere:

> O Leute, bleibt stehen und hört,
> Wie nett unser Qadi doch ist:
> Er treibt Sodomie, Hurerei,
> Berauscht sich, läßt sich bestechen,
> Sät Zwietracht, beuget das Recht
> Nach Lust und Laune und lügt!

Das Jahr 912 d. H.

Muharram (24. Mai−22. Juni)

Am 'Ashura-Tag befahl der Sultan, die Armen und Stadt-
streicher sollten sich an der Madâridj-Treppe versammeln.
Da kam dort eine Riesenmenge von Armen und Lumpenge-
sindel, und der Sultan ging selbst hinab und stand auf seinem
Pferd unten an der Treppe und begann jedem Armen, Mann
oder Frau, groß oder klein, ein Goldstück zu geben. Da gab
es ein solches Gedränge, daß drei arme Leute im Gewühl
totgedrückt wurden. Es heißt, der Sultan habe an diesem
Tag ungefähr 3.000 Dinar ausgegeben, und die Stimmen
erhoben sich zum Gebet für ihn. Aber als er das Gedränge
sah, kam er nicht nochmal hinab, um etwas zu verteilen,
obwohl er vorgehabt hatte, das zu tun.

Rabî'I (22. Juli−20. August)

Am 20. war das Hochwasser des gesegneten Nils. ... Als
Atabeg Qorqmas auf dem Staatsschiff am Nilometer aus-
steigen wollte, streute sein Schatzmeister kleine Gold- und
Silbermünzen über sein Haupt. Die Leute drängelten sich
um ihn, und sein Pferd scheute und warf ihn in den Fluß. Da
kamen die Bootsleute und holten ihn in ein Boot, aber sein
ganzes Galagewand war naß geworden, so daß er sich völlig
umziehen mußte, und er ging zu Fuß zum Nilometer. Es
heißt, das Pferd sei auch ins Wasser gefallen; als sie es
herausgeholt hatten, lahmte es. Der Atabeg Qorqmas hatte
an diesem Tag wirklich Schreckliches zu leiden!

Scha'bân (17. Dezember–14. Januar)
Der Sultan erhielt aus Syrien Holzkisten, in denen Bäume mitsamt der Erde waren: syrische Äpfel und Birnen und Quitten und Kirschen und Weinstöcke, auch blühende Sträucher wie weiße Rosen und Lilien und Iris und andere syrische Blumen; ja, es wurde sogar eine Kokospalme mitsamt ihrer Erde geschickt. Er ließ alle diese Pflanzen in dem Hippodrom unter der Zitadelle pflanzen – und das waren etwa hundertfünfzig Kamelladungen. Das war wirklich ganz reizend und seltsam! ... Der Sultan war nämlich ganz versessen darauf, Bäume zu pflanzen und Pflanzen und Gärten anzusehen!

Nachrichten kamen von Sinai, daß einige große genagelte Schiffe gesunken waren. Sie trugen Weizen für Grütze, den Sultan Qaitbay (als jährliche Ration) für die gesegnete Stadt Medina gestiftet hatte. Es waren noch andere Waren im Wert von etwa 10.000 Dinar an Bord, die Atabeg Qorqmas gehörten, und alles ging unter. Auch ungezählte Männer, Frauen und Kinder ertranken ... Das betrübte die Leute, vor allem die Einwohner von Medina, denn dort herrschte Teuerung.

Schawwâl (14. Februar–14. März)
Am Fest des Fastenbrechens verlieh der Sultan Ehrenkleider an die, die sie immer bekommen, aber die Ehrenkleider waren überaus schäbig, aus buntem Baumwollzeug, so daß ein Ehrenkleid höchstens drei Dinar wert war.

Dhu'l-qa'da (15. März–13. April)
Einer der Qarânisa-Mamluken im Greisenalter ging zur Zeit des Morgengebetes zur Zitadelle hinauf. Es war am Tag der Soldzahlung. Als er zum Anfang der Rampe kam, kamen ihm drei Djulbân-Mamluken entgegen und töteten ihn mit

81

einem Dolchstoß in den Leib, an dem er sofort starb, und sie brachten auch seinen Sklaven um, der mit ihm ging und seine Uniform trug, die er beim Eintritt in die Zitadelle anziehen wollte. Der Grund war, daß dieser alte Soldat ein Lehen hatte. Er war erkrankt, und als seine Krankheit sich verschlimmerte, gingen die Mamluken zum Sultan und verlangten sein Lehen. Der sagte: »Wenn er stirbt, kriegt ihr's.« Nun wurde der Soldat aber wieder gesund, und als er wieder zur Zitadelle gehen konnte, töteten ihn diese Mamluken, weil sie so wütend waren, daß es ihm wieder gut ging. Das Sonderbarste ist aber, daß der Sultan sein Lehen dann anderen Mamluken gab und nicht denen, die ihn um des Lehens willen umgebracht hatten.

In diesem Monat starb ein Seidenhändler, der einen Laden an der Ecke der Al-Matiyîn-Gasse gegenüber dem Jûsufiyya-Markt hatte. Man fand in seinem Laden 4.000 Dinar, Gold und Silber, alles versteckt in kleinen Tontöpfen im Ladendach. Und dabei war er schäbig anzusehen und behauptete, er sei ein armer Mann! – Ähnlich war es mit einer Frau, die an der Ibn Tulun-Moschee zu betteln pflegte. Als sie starb, fand man bei ihr 700 Dinar in Gold und Silber und auch Gefäße mit neuen Kupfermünzen und etwa 800 Knäuel gesponnenes Garn. Darüber wunderten sich die Leute.

Dhu'l-hidjdja (14. April–12. Mai)
Der Pilgerbote erschien und berichtete, daß die Soldaten den Jahjâ ibn Sab' überwunden und sich nach Mekka begeben hätten und daß sie auf dem Berge Arafat verweilt hätten. Er berichtete auch, daß das Pilgerfest dort am Freitag stattgefunden und daß Mekka sich ganz ergeben habe. Auch erzählte er, daß die Übergriffe der Europäer im Indischen Ozean zunähmen und daß Husain, der Führer der Soldaten, die sich dorthin gewandt hatten, begonnen habe, Türme und

Mauern an der Küste von Djidda zu bauen, und daß die Schiffe bereitgemacht seien, um nach Aden zu fahren. Darüber freute sich der Sultan. Aber der Schaden, den die Europäer anrichteten, nahm später noch zu, und es kamen immer mehr europäische Schiffe in das Meer des Hidschaz, bis es über zwanzig waren. Sie vergriffen sich an den Schiffen der indischen Kaufleute und schnitten ihnen aus Hinterhalten den Weg ab und nahmen ihnen all ihre Waren weg, so daß feine Stoffe und Schleier in Ägypten und anderswo kaum noch zu haben waren. Der Grund ist, daß die Europäer mit einer List einen Durchgang schafften durch den Damm, den Alexander der Grieche, Sohn Philipps, gebaut hatte, indem sie einen Berg zwischen dem chinesischen Meer und dem griechischen Meer durchbohrten. Sie beschäftigten sich für eine Reihe von Jahren unrechtmäßigerweise mit dieser Lücke im Damm, bis er schließlich geöffnet war und Schiffe in das Meer des Hidschaz kommen konnten. Das war die Hauptursache für das Übel.

Etwas Nettes passierte am Ende des Jahres: Der Sultan legte den alten Aquaedukt still, der beim Darb al-Khûlî in Altkairo war, und begann, einen neuen Aquaedukt zu bauen. Er versammelte die Ingenieure, und sie beschlossen, daß er beim Ausladeplatz nahe der neuen Moschee anfangen solle. Dort bohrte er einen Brunnen und grub einen Abzugsgraben vom Nil, und an diesem Brunnen richtete er eine Anzahl von Wasserschöpfrädern ein und baute von dort einen Aquaedukt auf brückenartig miteinander verbundenen Säulen, die bis zum Bâb az-Zaghla gingen und von dort weiter bis zum Hippodrom und zur Zitadelle. Dieser Aquaedukt war wirklich ein Wunder und etwas Seltsames! Aber der Sultan gab so viel Geld für seinen Bau aus, daß man es gar nicht zählen kann, und das meiste kam aus ungerechten Steuern und Konfiskationen.

In diesem Jahr stieg eine Insel bei Bulaq aus dem Wasser, gegenüber dem Apartmenthaus von Qânim dem Kaufmann, und von da an pflegte man sie jedes Jahr mit Grünzeug und duftenden Kräutern zu bepflanzen, und die Leute gingen dorthin und waren ganz über die Maßen vergnügt, schlugen viele Zelte auf und errichteten Hütten für die Zuschauer. Sie blieben Tag und Nacht dort, ja, die Leute tauchten im Fluß bis Mitternacht!

Das Jahr 913 d. H.

Muharram (13. Mai–11. Juni)
In diesem Monat passierte dem Oberqadi 'Abdul Barr ibn
Schihna etwas Merkwürdiges. Der Dichter Djamâluddîn as-
Sâlimûnî verspottete ihn nämlich in einem langen, unver-
schämten Gedicht. Der Grund war, daß Sâlimûnî vorher
den Mu'înuddîn ibn Schams, den Aufseher des Schatzhauses, verspottet hatte. Der hatte ihn damals beim Qadi 'Abdul Barr verklagt, und der hatte den Sâlimûnî vor sich kommen lassen, schlug ihn, züchtigte ihn und zeigte ihn dann in
Kairo, nackt und mit entblößtem Kopf. Als der Sultan das
hörte, schickte er darum, ihn von Qadi 'Abdul Barr loszube-
kommen, und als er nun frei war, verspottete er den Qadi
mit diesem gemeinen Gedicht, das bald unter die Leute
kam. Als Qadi 'Abdul Barr das erfuhr, klagte er Sâlimûnî
beim Sultan an, als er am Monatsanfang zur Gratulation auf
die Zitadelle stieg, und zeigte ihm dieses Spottgedicht. Der
Sultan rief Sâlimûnî zu sich, schimpfte ihn aus und sagte:
»Hast du den Schaikh ul-Islam mit dieser gemeinen Satire
verhöhnt?« Sâlimûnî leugnete und sagte: »Ich habe nicht all
das gesagt.« Doch es konnte bewiesen werden, daß dies sein
Gedicht war. Da befahl der Sultan dem Qadi 'Abdul Barr,
Sâlimûnî zur Sâlihiyya-Madrasa zu bringen und mit ihm zu
tun, was das heilige Gesetz verlangt. So brachte jener ihn
hinab, in Ketten. Der Sultan jedoch war innerlich auf seiten
Sâlimûnîs. Als sie ihn nun zur Sâlihiyya gebracht hatten,
verschworen sich die Qadis insgesamt gegen ihn und beschlossen, ihn auszupeitschen und in Kairo zu zeigen. Das
war nun schon das zweite Mal, daß Sâlimûnî so etwas wegen

einer Satire passierte. Als sie ihn nun schlagen und züchtigen wollten, da ergriff eine große Menge Volkes für ihn Partei und wollte den Qadi 'Abdul Barr steinigen, als er im Portiko der Sâlihiyya saß. Sie hatten Steine in ihren Ärmeln gesammelt, und ihm blieb nichts anderes übrig, als Sâlimûnî von der Züchtigung und der öffentlichen Vorführung freizusprechen. Dann befahlen die Qadis, ihn einzusperren. Er wurde eingesperrt und blieb lange Zeit im Gefängnis. [Erst im Ramadân wurde er freigelassen.]

Was aber dies Gedicht anlangt, so ist es eine lange Kasside, in der sich überaus gemeine Worte und höchst übertriebene Beschimpfungen finden. Man darf so etwas eigentlich gar nicht erwähnen, aber wir bringen hier doch ein paar Zeilen daraus. [Es folgen 22 Verse, darunter die folgenden:]

> Wenn er einen Dinar als Bestechung bekommt,
> Meint er, daß im Zweifelsfall alles erlaubt ist.
> Siehst du nicht, wie die Frommen Stiftungen ausgetauscht
> werden,
> Während sie fest und beständig sein sollten?
> Wenn man ihm einen Dinar gäbe und die Leute ihm
> gehorchten,
> Dann würde er Fasten und Pflichtgebet für aufgehoben
> erklären...

Am 11. des Monats gab es in Bulaq eine großartige Nacht wegen des Festes von Sîdî Ismâ'îl al-Inbâbî – Gott sei ihm gnädig! Etwa fünfhundert Zelte wurden auf der Insel gegenüber Bulaq aufgeschlagen und ein Markt mit Läden aufgebaut, und die Leute amüsierten sich grenzenlos und blieben ein paar Nächte nacheinander dort. Denn es gab sowohl Überfluß wie Sicherheit.

Kurz darauf wurde das *maulid* (Geburtstag) des Schaikhs Suwaidân des Entrückten in Bulaq in der Madrasa von Ibn az-Zamân nahe dem Quai gefeiert. Der hatte auch seine glänzende Geburtstagsfeier, und nahe der Madrasa wurden viele Zelte aufgeschlagen. Doch passierte in jener Nacht etwas Fürchterliches: Eine Frau kochte etwas am Stromufer, und ein Funke von ihrem Feuer flog in ein Boot, in dem Baumwolle war, und setzte es in Brand. Nun war in dieser Nacht der Wind sehr stark, und das Feuer sprang in einen Strohschober der dortigen Zuckerpresse über und entzündete ihn, und die Presse brannte ab, und alles, was darin war – Zuckerrohr, Zucker und Honig –, verbrannte auch. Die Leute hatten in dieser Nacht viel zu ertragen, und ohne die Gnade Gottes und die Segensmacht Schaikh Suwaidâns wären diese Plätze dort vollständig abgebrannt.

Ein Djulbân-Mamluk ging hinab zum Sklavenmarkt, um einen Sklaven zu kaufen oder zurückzugeben. Da kam es zum Streit zwischen ihm und dem Makler, und als der Streit immer schlimmer wurde, schlug ihn der Mamluk mit seinem Schuh auf den Kopf – und das auf dem Markt unter all den Leuten! Der Mann wurde nach Hause getragen und starb nach etwa einem Monat. Und kein Hahn krähte danach.

Kurz darauf schlug Arazmak an-Nâschif, einer der Tausender-Emire, einen Schiffer so sehr, daß er starb. Der Grund war, daß der Schiffer dem Emir die Pacht brachte, und das war zu wenig. Deswegen schlug er ihn tot. Als der Schiffer gestorben war, gingen seine Kinder zum Sultan. Als der das erfuhr, ließ er die Sache laufen und sagte zum Emir Arazmak: »Stell die Kinder dieses Ermordeten zufrieden«, und damit war es zu Ende, und nichts geschah.

Rabî' I (11. Juli–9. August)
Am Mittwoch, dem 11., feierte der Sultan das Geburtsfest des Propheten. Die vier Qadis und die Tausender-Emire kamen wie üblich, und das große runde Zelt wurde aufgestellt, das Sultan Qaitbay hatte anfertigen lassen und für das

er ungefähr 30.000 Dinar ausgegeben hatte. Es war ein glänzendes Geburtstagsfest.

Rabî' II (10. August–7. September)
Nachrichten kamen vom Statthalter von Aleppo, daß Ismail Schah ibn Haidar der Sophi sich auf das Land des Sultans zu bewege und daß seine ersten Soldaten bis Malatya gekommen seien, und sie erzählten gräßliche Dinge über ihn. Als der Sultan das hörte, wurde er über die Maßen wütend. Er versammelte die Emire, und sie beratschlagten, was man mit dem Sophi tun könnte. Die Emire rieten dem Sultan, gegen ihn zu Felde zu ziehen. Da verkündete er, die Soldaten sollten sich zur Musterung melden. So stiegen die Soldaten insgesamt zur Zitadelle, und er musterte sie in Anwesenheit des Gesandten des Osmanenherrschers und Khalîl Beg ibn Ramadâns, des Turkmenenfürsten. Er konskribierte rund 1.500 Mamluken und bestimmte fünf Tausender-Emire ... und etwa zwanzig Vierziger- und Zehner-Emire. Dann bestimmte er seinen Verwandten, Baibars den Vize-Marschall, nach Aleppo zu gehen und die Statthalter über die Ankunft der Soldaten zu informieren; sie sollten sich bemühen, ihre Kriegsausrüstung bereit zu machen, und der Statthalter von Aleppo sollte Soldaten zusammenrufen und hinausziehen, um das umliegende Land zu schützen und die Lage zu erkunden. Aber dann wurde all das widerrufen.

Djumâdâ I (8. September–7. Oktober)
[Die persischen Soldaten haben den Euphrat überschritten.]
Als diese Nachrichten kamen, regte man sich in Kairo gewaltig auf, und es wurde unruhig. Der Sultan hatte den Soldaten angekündigt, daß die ersten Sonderlöhnungen am Montag sein sollten, während unter den Leuten Gerüchte umgingen, daß der Feldzug abgeblasen sei. Die Soldaten

hörten nicht darauf, bis diese Nachrichten ihnen zu Ohren kamen. Da fingen die Mamluken an, die Mühlen und Ställe zu überfallen wegen der Maultiere und Saumpferde. Der Sultan verzögerte aber die Zahlung der Sonderlöhnung für die Soldaten immer weiter, bis Özdemir ad-Dawâdâr kam, der wegen der Banû-Lâm-Beduinen in Karak und Nablus gewesen war. – Als nun diese Nachrichten kamen, zahlte der Sultan den für den Feldzug Bestimmten die Sonderlöhnung, jedem Mamluken wie üblich 100 Dinar und den Sold für vier Monate im voraus, sowie den Preis für ein Kamel, das sind sieben *aschrafî*. So wurde jedem Mamluken an Sonderlöhnung, Sold und Preis für das Kamel insgesamt 300 Dinar gezahlt. Da begannen sie, ihre Vorbereitungen zu treffen.

Am Mittwoch, dem 14., lud der Sultan den Gesandten Ibn Osmans in die Bahra-Halle ein und zeigte an diesem Tage außerordentlich majestätischen Prunk an Teppichen wie an Speisen, Früchten und Süßigkeiten, und er füllte das Pharao-Becken unter dem Erker des Bahra-Saales mit Zitronenlimonade für die Begleiter des Gesandten. Beim Abschied verlieh er dem Gesandten eine rote Samt*kâmiliyya* mit kostbarem Zobel, und es war ein sehr prächtiger Tag.

Am 19. erschien an der Hohen Pforte ein Mann namens Kamâl, der zu Ibn Osmans großen Favoriten gehörte, und man gab von diesem Kamâl großartige Beschreibungen: daß er nicht müde noch matt werde, heiligen Krieg gegen die Franken zu führen, Tag und Nacht, bis die Franken erschöpft seien, und daß er der Führer der Glaubenskämpfer und Grenzritter im Islam sei. Als er erschien, ehrte der Sultan ihn aufs höchste und verlieh ihm ein Ehrenkleid. Er hielt sich kurze Zeit in Kairo auf und kehrte dann in sein Vaterland zurück.

Zu den Ereignissen dieses Monats gehört folgendes: Man sagte, daß ein Mensch namens 'Omar ibn 'Alâ'uddîn an-

Naqîb, ein Hanafit, der Prediger in einer Moschee war, unseren Herrn Abraham – Friede sei mit ihm! – verunglimpft habe mit so gemeinen Worten, daß man sie gar nicht wiederholen darf. Das wurde registriert. Dann rief ein Qadi ihn auf zu bereuen, aber Schamsuddîn al-Hulaibî urteilte, sein Blut dürfe nicht vergossen werden. Als der Sultan das erfuhr, nahm er Partei für Abraham – über ihn der Friede! – und sagte: »Ich lasse nicht ab, bis ich einem, der so redet, den Kopf abgeschlagen habe.« So befahl er, eine Sitzung in seiner Gegenwart einzuberufen, setzte sich in die Duhaischa und schickte nach den vier Qadis, und die erschienen. Dann befahl der Sultan, auch die vom Amt abgesetzten Qadis zu holen, und die kamen auch..., ferner eine Menge von Schaikhs und Gesetzesgelehrten. Als alle anwesend waren, disputierten sie über die Angelegenheit und (der frühere schafiitische Oberqadi) Schaikh Zakariyâ meinte: »Unsere Rechtsschule sagt, daß, wenn ein Mensch, der das gesagt hat, sich reuig Gott dem Erhabenen zuwendet und um Vergebung bittet, seine Reue angenommen wird.« Ibn abî Scharîf stimmte dem zu. Während der Sitzung kam es zu Streitigkeiten zwischen dem Oberqadi ʿAbdul Barr ibn Schihna und Schaikh Nûruddîn al-Mahallî, und jeder der Gelehrten brachte vor, was für einen solchen Fall überliefert war. Die Sitzung wurde ohne Ergebnis aufgelöst; nur daß dieser Mann für lange Zeit eingesperrt werden sollte, damit er vielleicht doch Reue zeige. Dann ging man auseinander. Der Sultan war fest entschlossen, ihm den Kopf abzuschlagen; doch sie brachten ihn ins Gefängnis und sperrten ihn dort ein.

Djumâdâ II (8. Oktober–5. November)
Am Dienstag, dem 6., erschien ein Gesandter von ʿAlî Daulat und teilte mit, daß, als er sich gegen die Soldaten des

Sophi gewandt und sie bekriegt habe, er sie ganz überlegen besiegt habe, so daß sie überwunden in ihr Land geflohen seien. Viele von ihnen seien getötet worden, und 'Alî Daulat schickte eine Anzahl Köpfe von den Soldaten des Sophi, die getötet worden waren, und auch einen seiner Emire, der noch am Leben war, mit einer hohen roten Kappe auf dem Kopf. Als diese dem Sultan vorgeführt wurden, freute er sich und befahl, die Köpfe am Bâb Zuwaila aufzuhängen. Und als er sicher war, daß all dies stimmte, sagte er den Feldzug ab, den er gegen den Sophi ausschicken wollte, und befahl, die Sonderlöhnung zurückzugeben, die er den Sol- daten bereits gezahlt hatte. So gingen die Eunuchen zu ihnen und verlangten die Sonderlöhnung zurück, und das ärgerte die Mamluken, die schon das meiste davon ausgege- ben hatten. Als der Sultan das hörte, ordnete er an, ihnen den Preis des Kamels zu lassen, den er ihnen gegeben hatte – das waren sieben *aschrafî* –, aber den Rest sollten sie zurück- zahlen. Sie gehorchten und gaben zurück, was sie bekom- men hatten, und das, was sie schuldig blieben, wurde ihnen vom Sold abgezogen.

Scha'bân (6. Dezember–3. Januar)

In diesem Monat erschien ein Gesandter von Ismail Schah dem Sophi und brachte einen Brief, in dem stand, daß er nicht erlaubt habe, daß seine Soldaten die Gebiete des Sul- tans beträten, und er hätte das nicht gewußt. Der Sultan ehrte den Gesandten und hielt eine prächtige Galaversamm- lung für ihn im Zitadellenhof. Dieser Gesandte und diejeni- gen, die mit ihm kamen, waren außerordentlich schäbig, mit hohen roten Kappen auf dem Kopf, und sie zeigten keinerlei Eleganz, im Gegensatz zu dem Gesandten Ibn Osmans. [Nachdem ihnen ein Gala-Empfang mit Pfeilschießen und Feuerwerk gegeben wurde, reisten sie am Monatsende ab.]

Da passierte die Geschichte zwischen Muhammad ibn Bint Djamâluddîn und Muhammad ibn Qidjiq, dem Vertrauten des Sultans. Ibn Bint Djamâluddîn hatte einen abessinischen Sklaven, der eine Sklavin des Ibn Qidjiq vergewaltigt hatte. Dieser verklagte ihn beim Sultan, der nach Ibn Bint Djamâluddîn schickte, weil er Frieden zwischen den beiden stiften und Ibn Qidjiq zufriedenstellen wollte. Da wurde Ibn Bint Djamâluddîn ganz gemein gegen Ibn Qidjiq und beschimpfte ihn in Gegenwart des Sultans. Er war nämlich gedankenlos, dumm und aufbrausend. Als das passierte, entzog der Sultan ihm seine Gunst und befahl, ihn dem Heeresaufseher zu übergeben. Die Sache weitete sich dann so aus, daß der Sultan dem Ibn Bint Djamâluddîn 10.000 Dinar auferlegte. Er blieb in Arrest, wurde im Hause des Präfekten geschlagen, verkaufte all sein Hab und Gut und konnte doch diese Summe nicht aufbringen. Schließlich befahl der Sultan, ihn in die Oasen zu verbannen, wo er schreckliche Dinge erlitt. Aber er war unerfahren – und wenn er die Sache mit 50 Dinar oder noch weniger abgetan hätte, wäre sie aus der Welt gewesen und er hätte all dies nicht zu erleiden brauchen!

Zu den Ereignissen in diesem Monat gehört es, daß eine Gruppe Diebe die Goldkammer anbohrten, den Pförtner umbrachten und aus der Halle Gold- und Silberbarren im Werte von rund 10.000 Dinar mitnahmen. Und da krähte kein Hahn danach. Und nachts drangen sie im Mardjûsch-Markt in vier Läden ein.

In der Nacht des Dienstags, den 22., überfielen diese Gangster einen ausländischen Kaufmann, der sehr reich war. Er wohnte nahe der Geheimtür der Sâlihiyya-Madrasa. Sie brachten ihn um und auch seinen Sklaven und nahmen alles, was er im Hause hatte, Geld und Stoffe. Der Präfekt verfolgte diese Diebe, bis er einige von ihnen überwältigte; die wurden an der Tür des Kaufmanns, den sie umgebracht hatten, aufgehängt.

Am Mittwoch, dem 23., starb der malikitische Oberqadi Burhânuddin Ibrâhîm ad-Damîrî. Er war ein vortrefflicher Gelehrter, fromm und gut, ein würdiger Führer, von freundlichem Wesen, sehr bescheiden, und er war der beste Leiter der Malikiten in seiner Zeit, und heute gibt es absolut keinen der Malikiten, der ihn überträfe. Er starb in den Achtzigern und war im Amte des Qadi, bis er heimging: zu sechs Jahren und sechs Monaten fehlten ihm nur wenige Tage. Er war ein Wunder in feiner Kalligraphie und elegantem Ausdruck und war kenntnisreich in den gesetzlichen Bestimmungen. Als der Sultan hörte, daß er gestorben sei, kam er von der Zitadelle, um das Totengebet für ihn zu verrichten. Aber dann erfuhr er, daß sie ihn zur Azhar-Moschee bringen und dort das Gebet halten wollten. Da ging der Sultan zur Qarâfa und besuchte das Grab von Imâm Schâfiî und Imâm Laith – Gott sei zufrieden mit beiden! –, stieg von seinem Pferd, trat ein und besuchte beide mit Demut; und er verteilte an diesem Tage eine beachtliche Menge an Almosen. Das war das erste Mal in seiner Herrschaft, daß er hinabstieg.

Am Ende des Monats kam der Sultan unerwarteterweise hinunter zu dem Aquaedukt, den er konstruieren ließ, und inspizierte die Bauarbeiten. Mit ihm waren Tuman Bay der Dawâdâr, ein paar Zehner-Emire und etwa fünfhundert Mamluken. Zunächst ging er durch das Qarâfa-Tor zum Mausoleum des Emirs Özdemir ad-Dawâdâr, stieg vom Pferd und besuchte dessen Grab; dann ritt er von dort zum Kum al-djârih und besuchte Schaikh Abû Sa'ûd, der dort lebte; von dort wandte er sich zum Aquaedukt, inspizierte ihn und wusch sein Gesicht mit Nilwasser. Auf dem Rück-

weg zur Zitadelle ging er zum Mausoleum von Sitt Nafîsa –
Gott sei zufrieden mit ihr! –, besuchte das Grab, stieg aber
nicht vom Pferd. Er ordnete an, den Dienern der Sitt Nafîsa
zehn Dinar zu geben. Dann stieg er durch das Qarâfa-Tor
zur Zitadelle. An diesem Tage spendete er beachtliche Men-
gen von Almosen und schenkte den Bauleuten und Inge-
nieuren 100 Dinar.

Schawwâl (3. Februar–2. März)
Am Samstag, dem 17., verlieh der Sultan ein Ehrenkleid an
den Schaikh Muhyîddîn, den Sohn des Oberqadis Burhânuddin ad-Damîrî, und ernannte ihn zum malikitischen Oberqadi anstelle seines verstorbenen Vaters. So wurde er Qadi
in jungen Jahren. Er war von tugendhaftem Lebenswandel
und befaßte sich mit der Wissenschaft, und niemand fand,
daß dieses Amt zu hoch für ihn sei; die Malikiten leisteten
ihm alle Folge. – Seinem Vater war folgendes passiert: Der
Sultan hatte den Oberqadis befohlen, daß jeder von ihnen
an einem Freitag predigen sollte. Nun war der schafiitische
Oberqadi ungeübt im Predigen, und der Sultan ordnete an,
er solle nicht predigen. So hielt der hanafitische Qadi 'Abdul
Barr ibn Schihna einige Male die Freitagspredigt vor ihm.
Als nun die Reihe an den malikitischen Qadi Burhânuddîn
kam, stieg er den Predigtstuhl in der Moschee der Zitadelle
hinauf, und es regte ihn so auf, daß er predigen sollte, und er
hatte so viel Angst, daß er lauter Unsinn redete und beim
Hinuntersteigen vom Predigtstuhl fiel. Nachdem er das Gebet verrichtet hatte und von der Zitadelle herabgekommen
war, erkrankte er, hütete das Bett und blieb krank, bis er
kurz danach starb.

Dhu'l-qa'da (3. März – 1. April)

Eine Anzahl von schwarzen Sklaven des Sultans waren auf-
einander neidisch und töteten einen unter ihnen, der dem
Sultan besonders nahestand. Dann warfen sie ihn in eine der
Zisternen in der Zitadelle. Als der Sultan sich nach ihm
erkundigte, wurde er aus dieser Zisterne herausgeholt. Da
nahm er die Sklaven fest, die das getan hatten; vier von
ihnen wurden in Ramla zweigeteilt, und einige flohen.

In diesem Monat fand man eine zweigeteilte Frau, jede
Hälfte in einem Stadtviertel, und niemand wußte, wer das
getan hatte.

Man denunzierte einen Bäcker, der einen Buben getötet
hatte, der bei ihm arbeitete. Er hatte ihn in die Ofengrube
geworfen, so daß er verbrannte. Der Bäcker aber rannte
davon, und kein Hahn krähte danach.

Ein Page brachte einen Milchhändler um wegen eines
Topfes Milch, den ihm dieser nicht verkaufen wollte. Da
schlug er ihn tot, und als der Sultan das hörte, ließ er den
Pagen zweiteilen – und so sind denn beide Männer tot wegen
eines kleinen Topfes Milch! – Es gibt keine Macht und keine
Stärke als bei Gott dem Hohen, dem Mächtigen!

Dhu'l-hidjdja (2. April – 1. Mai)

Eine Frau namens Khadîdja al-Kulaibatiyya starb. Sie hatte
behauptet, sehr fromm zu sein, und ging in die Häuser der
Großen (um zu betteln). Und nun fand man bei ihr gemünztes Gold im Wert von 3.000 Dinar und Einrichtungsgegen-
stände für etwa 500 Dinar – und das wurde zu den seltsamen
Ereignissen gezählt! Trotzdem hatte sie Almosen von den
Leuten genommen!

Das Jahr 914 d. H.

Muharram (2. Mai–31. Mai)
In diesem Monat kamen Nachrichten aus Ghaza, daß am
Strande des Meeres ein ganz riesiger Fisch aufgetaucht sei –
27 Ellen lang und 10 Ellen breit! Der Sultan ließ dem Statthalter von Ghaza sagen, wenn es möglich wäre, ihn nach
Kairo zu bringen, dann solle er das tun. Aber der fand das
unmöglich. Später aber schickte der Statthalter von Ghaza
zwei Rippenknochen dieses Fisches, damit der Sultan sie in
Augenschein nehmen könne, und der stellte sie beim Zitadellentor gegenüber dem Brunnen auf, und da sind sie noch
heute – und das sind zwei seiner Rippenknochen, wie man
sagt!

Rabî' II. (30. Juli–27. August)
In diesem Monat ertrank einer von der Nobelgarde namens
Aqbay, ein Hofkurier. Er war zur Gazîrat al-Wustâ gegan-
gen, in den Fluß gestiegen und geschwommen. Da er be-
trunken war, ertrank er unter dem Wasserrad an der Insel.
Er führte keinen lobenswerten Lebenswandel.

Es regnete sogar nach dem Nachtgebet außerordentlich
heftig, und das war am 3. Mesori, während der Nil in vollem
Steigen war, aber es wirkte sich nicht auf den Fluß aus. Solch
einen Regen gab es dieses Jahr zweimal, während der Nil im
Steigen war, und die Leute wunderten sich darüber.

Am 11. Mesori ließ Gott den gesegneten Nil auf einmal
um fünfzig Finger steigen, während er vorher ein paar Tage
gar nicht gestiegen war. Da ordnete der Sultan an, die
Oberqadis sollten zum Nilometer ziehen und die Nacht dort

zubringen. Sie taten das, und die Koranrezitatoren des Landes versammelten sich gleichfalls dort, und der Sultan gab am Nilometer ein großartiges Essen, und es war eine prächtige Nacht. Dann, am nächsten Tag, nämlich am 12. Mesori, ließ Gott den Nil um zwanzig Finger ansteigen, und am 13. Mesori nochmals um zwanzig Finger, und so stieg er in drei Tagen um neunzig Finger – und solch eine Zunahme ist seit Beginn des Islam erst zweimal vorgekommen ...

Djumâdâ I (28. August–26. September)
In diesem Monat passierte etwas Merkwürdiges: Ein Fellache, der zwei mit Baumwolle beladene Kamele mit sich hatte, der kam mit ihnen zur Abendzeit in die Stadt und durchquerte den kleinen Markt in der Nähe des Hauses des Kalifen. Da sprang ein Funke von den Öllampen der Händler dort in die Baumwolle, die sie auf dem Rücken hatten, und als die Kamele das Feuer spürten, rannten sie in die Menge; ein kleines Kind starb, und die Kamele trampelten auf den Leuten herum, so daß eine große Anzahl von ihnen verletzt wurde, und die Waren der Leute wurden niedergestampft. Was für eine fürchterliche Stunde! Kein Mensch konnte diese beiden Kamele packen, und sie rannten immer weiter, bis sie zum Mausoleum der Sayyida Nafîsa kamen – Gott sei mit ihr zufrieden! –, und da fiel eins der Kamele tot hin. Schluß.

Zu den abscheulichen Ereignissen in diesem Monat gehört es, daß der Sultan anfing, den Mamlukennachkommen ihre Lehen wegzunehmen, und auch anderen, wie Frauen, die eine Pension hatten. Er hatte wohl seinen Sinn auch auf die Pensionen gerichtet, die aus den gemeinnützigen und Frommen Stiftungen gezahlt wurden. So nahm er etwa dreihundert Lehen und das Einkommen daraus ohne Grund und Ursache weg und begann, sie mit Urkunden an die Mamluken zu verteilen. So etwas hatte noch kein König vor ihm getan! Die Leute erlitten riesigen Schaden, vor allem die Mamlukennachkommen. Denn die Mamluken begannen, sie in ihren Häusern zu überfallen, und nahmen ihnen die Besitzurkunden mit Gewalt ab und mißhandelten sie mit Schlägen. Das war ein fürchterliches Ereignis, dessengleichen man niemals gehört hat! Und ich bin einer von denjenigen, denen so etwas geschehen ist, und mein Lehen ging an vier Mamluken. Aber Gott der Erhabene hat mir geholfen, und mein Lehen kam (später) wieder zurück, Gott sei Dank!

In diesem Monat wurde die Arbeit an dem Aquaedukt beendet, den der Sultan, wie erwähnt, bauen ließ. Nun drehten sich da die Wasserräder, und das Wasser floß im Aquaedukt, bis es das Hippodrom unterhalb der Zitadelle erreichte. Dann brachte der Sultan dort Wasserschöpfwerke an und baute drei Zisternen, die mit Nilwasser gefüllt wurden, für die Mamluken, die im Hippodrom das Speerspiel ausübten. Er begann auch, ein Becken in der Mitte des Gartens zu bauen, den er im Hippodrom angelegt hatte. Dieses Becken war etwa 40 Ellen lang, oder sogar mehr, wie man sagt. Dort errichtete er eine Anzahl von Sitzplätzen und Aussichtspunkten, die den Garten überschauten. Dafür riß er den Marmor aus den Hallen des Atabeg Özbek, die dieser in der Ezbekiyya hatte erbauen lassen, und ließ ihn zu den Plätzen bringen, die er im Hippodrom errichtete. Das Becken wurde jeden Tag mit Nilwasser gefüllt, und der Überfluß bewässerte den Garten.

Radjab (26. Oktober–24. November)
In diesem Jahr vergrößerten die Emire ihre Kopfbedeckungen (*takhfîfa*) und machten die Hörner daran noch länger, ganz über die Maßen. Da sagte jemand:

Jeder Hammel trägt ja Wolle
Und auch Hörner – was für Hörner!
Und ich freue mich in Ruhe,
Ohne Wolle, ohne Hörner!

Scha'bân (25. November – 23. Dezember)
Im Scha'bân stiegen die vier Qadis hinauf, um dem Sultan
zum Monatsanfang zu gratulieren, und auch der Kalif Al-
Mustamsik billâh stieg hinauf. Da gab es zwischen ihm und
seinem Vetter Khalîl in Anwesenheit des Sultans einen ganz
widerlichen Streit. Khalîl sagte zum Kalifen: »Du – deine
Herrschaft ist gar nicht gültig, denn du bist ja blind!« Der
Kalif war nämlich schwachsichtig. Da erhob sich Nâsirî Muhammad, der Sohn des Kalifen, und sagte: »Und du – hinter
dir kann man ja das Gebet gar nicht gültig verrichten, weil
du die Fâtiha nicht richtig rezitierst!« Khalîl hatte nämlich
einen Sprachfehler und konnte den Buchstaben R nicht
aussprechen. Da zwang der Sultan ihn, in Gegenwart der
Qadis die Fâtiha zu rezitieren, und als er das tat, rezitierte er
lauter Unsinn vor den Leuten. So schwieg er und rezitierte
nicht zu Ende. Die Versammlung ging ohne Ergebnis zu
Ende – und es war eine fürchterliche Versammlung! Der
Sultan sagte: »Montag wollen wir eine Sitzung halten und
sehen, wem das Kalifat rechtmäßig zukommt.« Da standen
der Kalif und die Qadis auf und einigten sich auf den Mon-
tags-Termin. Und es entwickelte sich so, daß Nâsirî Muhammad, der Sohn des Kalifen Ja'qûb, wohl das Kalifat übernehmen würde anstelle seines Vaters. Der Sultan aber wollte den Kalifen Ja'qûb degradieren und hoffte, Geld von ihm
zu bekommen.
  Am Montag, dem 4., erschienen die vier Qadis, der Kalif
Ja'qûb, sein Sohn Muhammad und Vetter Khalîl. Der Kalif
hatte nach den Ereignissen der vorhergegangenen Sitzung

seinem Sohn Muhammad das Kalifat übertragen. Er legte den Vertrag dem schafiitischen Qadi Kamâluddîn at-Tawîl vor. Denn der (vorhergehende) Kalif ‘Abdul ‘Azîz hatte seinem Sohn Ja‘qûb das Kalifat durch Vertrag übertragen und dann dessen Sohn. Als der Qadi diese beiden Verträge sah, sagte er: »Nâsirî Muhammad, der Sohn des Kalifen Ja‘qûb, hat das Recht darauf.« Darauf sagte der Kalif zum Sultan: »Ich bin nun alt und greis geworden, und so setze ich mich selbst ab und übertrage das Kalifat meinem Sohn durch Vertrag, und wenn der Sultan es will, möge er ihn einsetzen oder auch nicht.« Der Sultan sagte: »Ich setze deinen Sohn ein.« Die Emire unterstützten ihn dabei. Der Geheimschreiber trat vor und erbat das Zeugnis der Qadis, daß der Sultan den Nâsirî Muhammad ernannt habe. Dann hielt er eine beredte Ansprache und sagte: »O unser Herr – wir bezeugen, daß du das Kalifat dem Nâsirî Muhammad, Sohn des Kalifen Ja‘qûb, übertragen hast.« Der sagte: »Jawohl!«, und die Qadis bezeugten das. Dann stand der Kalif Ja‘qûb auf und verabschiedete sich vom Sultan, und der erwies ihm große Ehre, und er ging zu seinem Haus in höchstem Prunk und Glanz. Der Sultan hatte ihm eine Tunika aus weißer Wolle mit Zobel aus seiner eigenen Garderobe angelegt. Er gab dem Sidi Khalîl auch eine von seinen Tuniken, und gab dessen beiden Söhnen je eine Tunika mit Feh. Dann brachte man dem Nâsirî Muhammad die Insignien des Kalifats und legte sie ihm an, und er nahm den Thronnamen Abû ‘Abdallâh al-Mutawakkil ‘alâ Allâh an. Der Sultan setzte ihn im Kalifat ein im schönsten Stil – und kein Mensch kümmerte sich um Khalîl! Er war der sechzehnte abbasidische Kalif in Ägypten. Nachdem er die Insignien angelegt hatte, setzte er sich vor den Sultan, und die Qadis bezeugten, daß er dem Sultan das gleiche (an Macht) übertragen habe, wie sein Vater getan hatte. Er sagte: »So ist es.« Dann stand er auf, und die Stimmen erhoben sich mit Gebeten für den Sultan, weil er den beiden das Kalifat nicht genommen hatte. Denn mit beachtlichem Geld hatte sich um das Kalifat beworben Vetter Khalîl – doch nicht erreichte er sein Ziel –, und was er ausgegeben, nützte ihm nicht viel! So ging Khalîl mit langem Gesicht von der Zitadelle – und sein Herz brannte im Feuer des Grames gar helle.

Dann löste sich die Versammlung auf, und der Kalif Al-Mutawakkil erhob sich, nachdem er sich noch den Beinamen seines Großvaters 'Abdul 'Azîz beigelegt hatte. Er stieg in einem prächtigen Zug von der Zitadelle herab, begleitet von den vier Qadis und den Vornehmen, und sein Stadtviertel wurde für ihn geschmückt. In der Salîba wurden Kerzen für ihn angezündet, und er hatte einen spektakulären Tag. Er wurde Kalif, als er noch jung war; denn er war im Jahre 870 (1465–6) geboren. Und es war noch nie passiert, daß ein ägyptischer Kalif das Amt übernahm, während sein Vater noch am Leben war.

[Sein Vater hatte knapp zwölf Jahre regiert.] Und es hieß, daß er sich in dieser Sache mit etwa 12.000 Dinar (Bestechungsgeldern) belastet habe; andernfalls wäre er nach Damiette oder Jerusalem verbannt worden. Das, was er tat, war ganz richtig:

> Gott gibt dir das Geld wieder, das du ausgibst,
> Doch gibst du dein Leben hin, gibt's keinen Ersatz!

Nachrichten kamen, daß die Soldaten, die mit Emir Husain nach Indien gereist waren, die Europäer (d. h. Portugiesen) besiegt hätten, die den Ozean unsicher machten; sie hätten gewaltige Beute gemacht. Über diese Nachricht freute sich der Sultan und ordnete an, die Trommeln zu schlagen, und sie wurden drei Tage hintereinander geschlagen. Dann schickte Husain Nachricht und bat um mehr Soldaten, um die übrigen Portugiesen zu überwältigen.

Am Samstag, dem 23., erschienen die Corvetten, sechs Stück. Das sind die (Schiffe), wegen deren Bau der Intendant der Privatschatulle nach Rosette gereist war. Bei ihrer Ankunft ankerten sie an der Spitze der Gazîrat al-Wustâ, und die Leute zogen hinaus, um sie anzusehen. Sie waren mit Flaggen und Behängen geschmückt; drinnen wurden die Trommeln gerührt, und die Flöten schrillten, und das Volk versammelte sich haufenweise. Als Dienstag, der 26., kam, stieg der Sultan von der Zitadelle; er wandte sich nach Tara, und dort wurden Zelte für ihn aufgeschlagen. Dann brachte man die Corvetten, und sie manövrierten im Wasser hin und her, während das Trommelschlagen und das Naphta (-Feuerwerk) im Gange waren. Sie schossen auch einige Kanonen vor ihm im Fluß ab.

So hatte er einen spektakulären Tag, und eine riesige Menge kam dort zusammen. Der Sultan blieb bis nach dem Nachmittagsgebet, und der Intendant bereitete ein prächtiges Mahl. Seit Beginn seiner Regierung hatte der Sultan noch keinen Tag mit solcher Schwelgerei und solchem Vergnügen gehabt. Als er fortritt, verlieh er dem Intendanten eine *kâmiliyya* mit Zobel und überreichte auch dem Kapitän und seiner Mannschaft kostbare Gewänder; dann kehrte er zur Zitadelle zurück.

Ramadân (24. Dezember–22. Januar)
Am Donnerstag, dem 13. Ramadân, hielt der Sultan eine Festversammlung im Hofe ab, aber ohne Gala, und alle Emire versammelten sich dort. Er ordnete an, daß das Tor des Arsenals nahe der Moschee dekoriert werden sollte. Sie schmückten es mit Uniformen, Waffen und königlichen Fahnen. Dann lud der Sultan den Gesandten (aus Bagdad) ein; der kam mit dem Protokollchef heraus und sah den Sultan und las den Brief, den er mitgebracht hatte. Der

Grund für die Anwesenheit dieses Gesandten war folgender: Der Herrscher von Bagdad, Murâd Khân, der Enkel Uzun Hasans – gegen den war Schah Ismail der Sophi marschiert, und seine Soldaten überwältigten ihn und schlossen sich dem Sophi an. Als er das erlebte, floh er, kam in das Gebiet des Sultans und schickte einen Gesandten (mit der Bitte), er möge ihm Soldaten senden, um den Sophi zu bekämpfen. Der Sultan ehrte den Gesandten und war freundlich zu ihm.

Schawwâl (23. Januar–20. Februar)
Am Donnerstag, dem 4., stieg der Sultan zum Hippodrom hinab und setzte sich auf den dortigen Sitzplatz, und die Emire versammelten sich rings um ihn. Dann erschien der Gesandte des Herrn von Bagdad, und an diesem Tage spielten die Speerspieler vor dem Sultan. Auch der *maḥmal* und der Überwurf der Kaaba kamen und wurden im Hippodrom umhergeführt. Eine riesige Volksmenge versammelte sich, um das anzusehen, und es war ein spektakulärer Tag, besonders, da dies in Gegenwart des Gesandten des Herrn von Bagdad geschah . . .

Dann, nach einigen Tagen, lud der Sultan den Gesandten in die Arena ein und ließ vor ihm eine Gruppe Mamluken in voller Kriegsausrüstung erscheinen, und sie führten an diesem Tage Pfeilschießen vom Pferde aus vor und zeigten so wundersame Künste dabei, daß der Gesandte ganz sprachlos war. Der Sultan brannte auch ein Feuerwerk am Tage auf dem Hippodrom ab, und das tat er zweimal, während der Gesandte dort war.

Dhu'l-qaʿda (21. Februar–22. März)
In diesem Monat verlieh der Sultan dem Zainî Barakât ibn Mûsâ ein Ehrenkleid und setzte ihn wieder als Marktprovost

ein und den Jûsuf al-Badrî ab. Denn in jenen Tagen war der Weizen sehr knapp, und kein Brot war auf den Märkten zu haben; deshalb hätte der Pöbel den Jûsuf al-Badrî fast gesteinigt. Aber als Ibn Mûsâ wieder mit Ehren eingesetzt wurde, freuten sich alle, und die Unruhe legte sich.

Dhu'l-hidjdja (23. März – 20. April)
Eine merkwürdige Geschichte ist, daß ein Mensch – man sagt, es sei der Pförtner der Hâkim-Moschee gewesen – zum Sultan hinaufging und ihm erzählte, daß er geträumt habe, jemand hätte ihm gesagt: »Sag dem Sultan, daß unter einer der Säulen der Hâkim-Moschee Gold-Dinare liegen, ganz unzählige!« Als der Sultan das hörte, neigte er dazu, seine Worte für wahr zu halten. So schickte er Emir Khairbek, den Schatzmeister, und Barakât ibn Mûsâ und eine Reihe anderer von seinen speziellen Freunden; die nahmen eine Anzahl Ingenieure und Bauleute mit. Sie brachten den Mann her, der das gesagt hatte, und sagten zu ihm: »Zeig uns mal die Säule, unter der das Gold ist!« Er sagte: »Ich weiß ja nicht, unter welcher es ist!« Die Ingenieure meinten: »Das (Gold) kriegen wir nur zu sehen, wenn wir alle Säulen, die hier sind, abreißen.« An diesem Tage versammelte sich eine gewaltige Menge von Leuten in der Moschee, und es wurde viel hin und her geredet, und sie bezichtigten den Mann der Lüge. Dann berieten sie sich mit dem Sultan, ob die Säulen der Moschee nun abgerissen werden sollten, aber dem stimmte er nicht zu und wandte sich rasch von der ganzen Sache ab.

In diesem Monat gab es einen Streit zwischen Anasbay, dem Großkämmerer, und Naurûz, einem Tausender-Emir, und die Sache kam schließlich zum Sultan, der Anasbay gegen Naurûz recht gab. Die Ursache (für den Streit) war ein großes Mietshaus neben der Muski-Brücke nahe dem Hause des Naurûz; in dem wohnten die Töchter der Sünde und trieben Unzucht, und Anasbay beabsichtigte, dieses Etablissement zu besetzen, das dem Atabeg Özbek gehörte. Der Sekretär von Anasbay und eine Anzahl Angestellter wandten sich dorthin, aber als sie ankamen, empörten sich die Diener und schwarzen Sklaven des Naurûz gegen sie, verprügelten die Leute des Kämmerers und hinderten sie daran, das Gebäude zu besetzen. Als Anasbay das hörte, ritt er selbst dorthin und legte seine Hand auf das Etablissement, prügelte die Frauen, die darin waren, und führte sie in Kairo auf Eseln herum. Da stieg Naurûz zur Zitadelle und klagte Anasbay beim Sultan an. Aber der Sultan wollte Naurûz herabsetzen und kaputtmachen, und so gab er Anasbay recht.

In diesem Jahr starben ganz besonders viele Hühner, so daß eine Menge Fellachen deswegen in Not gerieten, denn jeden Tag verendeten unzählige.

Am Dienstag, dem 27., wurde der Sultan krank und bekam überaus heftigen Durchfall. Für mehrere Tage war es ihm unmöglich, zu den Emiren hinauszugehen. Dann erholte er sich und verlieh den Ärzten Ehrenkleider.

Zu den seltsamen Dingen gehört dies: Der Balsam, *balasân*, den die Leute *balsam* nennen, wurde in Matariyya seit Anfang des Jahres 900 (1494) nicht mehr angebaut. Ägypten rühmte sich seiner unter allen Ländern, und die europäischen Könige hatten Höchstpreise für das Balsamöl gezahlt und es für sein Gewicht in Gold gekauft; denn sie konnten nicht Christen werden, solange sie nicht etwas davon ins Taufwasser getan hatten und darin untergetaucht waren. Das Öl wurde im Frühjahr im Monat Barmahât (April) gepreßt. Als der Balsam nun nicht mehr in Matariyya wuchs, ärgerte sich der Sultan und forschte immerfort nach (einem Ausweg), bis man ihm schließlich eine Balsampflanze mit ihrer Erde von irgendwo im Hidschaz brachte. Diese pflanzte er in Matariyya an der Stelle, die dafür bekannt gewesen war, und sie gedieh und wuchs, als sie mit dem Wasser des Brunnens dort bewässert wurde. Und in diesem Jahr war Balsam zu ernten und kam wieder, nachdem er ganz verschwunden gewesen war. Das wurde zu den guten Taten des Sultans Qansauh al-Ghûrî gezählt.

Das Jahr 915 d. H.

Muharram (21. April–20. Mai)

Am 4., der dem 1. des koptischen Monats Bashans entspricht, wurde es ganz finster und regnete es so stark, daß die Märkte voll Schlamm wurden, und es regnete zwei Tage hintereinander. Das zählte man zu den seltenen Ereignissen – daß es im Bashans regnete!

Ein nettes Ereignis war, daß der Sultan am Donnerstag, dem 15. Muharram, abends zum Hippodrom hinabstieg und dort ein großes rundes Zelt aufschlug. Er füllte das Becken, das er dort gebaut hatte, durch den Aquaedukt mit Nilwasser. Dann befahl er, alle Rosen in Kairo zu sammeln, und legte sie in dieses Becken. Er rief alle Koranrezitatoren der Stadt und die Prediger zusammen und ließ Gestelle mit Lampen aufstellen und belegte den Boden rings um das Becken mit kostbaren Teppichen. Dann lud er die vier Qadis und die Emire, große und kleine, ein, sowie die Zivilbeamten und die vornehmen Leute insgesamt. Der Sultan verbrachte diese Nacht im Hippodrom, und Atabeg Qorqmas und eine Anzahl von Emiren blieben bei ihm. Er gab am Abend ein prächtiges Essen, noch großartiger als das Festmahl beim Prophetengeburtstag: Er ließ auf dem Tischtuch vierhundert Porzellangefäße aufstellen und befahl, daß Hamaer *mâmûniyya* (eine Art Marzipan) hergestellt werden solle, jedes Stück fast ein halbes Pfund schwer. Und da gab es Gänse und Hühner und Schafe, so viel, daß man's nicht zählen kann: 1.500 Pfund Fleisch, tausend Hühner, fünfhundert Gänse, fünfzig gemästete Schafe und vierzig Milchlämmer! Man sagt, er habe für dieses Festmahl mehr als

1.000 Dinar ausgegeben, mit all den Süßigkeiten und dem Obst und Zuckerzeug und so, und es war eine spektakuläre Nacht.

Am 22. Muharram traf die Pilgerkarawane in Kairo ein, gesund und heil, denn es war ein billiges, gesegnetes Jahr. Als die Pilger zurückkehrten, berichteten sie, was für gute Dinge der Sultan mit seinen Bauten bei Aqaba getan hatte; denn er hatte dort ein Rasthaus mit einer Anzahl Magazine für Depositen gebaut und Türme, in die er eine Gruppe Türken gesetzt hatte, die dort jeweils ein Jahr bleiben und dann nach Kairo zurückkehren sollten, und dann sollte eine andere Gruppe sie ablösen. Der Weg war in Ordnung gebracht, und die schwierigsten abschüssigen Stellen, die es dort gab, waren geebnet worden. Der Sultan hatte auch einen Turm in Adjrud erbaut und einen in Nakhla und eine Anzahl von Tränkplätzen auf dem Weg nach Mekka in Ordnung gebracht und vielerlei Dinge dieser Art getan. Das war überaus nützlich. Er hatte auch in Aznam einen (Wach-) Turm erbaut, in den er eine Gruppe Mamluken gesetzt hatte, und wenn ein Jahr vorüber war, kamen sie heim und andere gingen dorthin.

Safar (21. Mai–18. Juni)
Nachrichten kamen aus Damiette, daß einer der Söhne des Ibn Osman namens Qorqud dort angekommen sei. Als die Nachricht bestätigt wurde, bestimmte der Sultan Emir Aqbay, den Vize-Marschall, Özdemir, den Protokollchef, und Naniq, den Schatzmeister, ihn zu begrüßen. Er schickte mit ihnen ein prächtiges Willkommensgeschenk mit allen Arten von kostbaren Dingen und stellte die Boote bereit, ja, sogar das große Staatsschiff, von dem aus der Deich durchstochen wird, damit er darin auf dem Strom fahren konnte. Er bereitete auch ein Feuerwerk vor, das vor ihm auf dem Strom ab-

108

gebrannt werden sollte, wenn er Segel setzte. Er hätte ihn überhaupt nicht noch mehr ehren können. So fuhren sie also nach Damiette, um ihn zu empfangen.

Am Montag, dem 16., entschlüpfte Djamâluddîn der Falschmünzer aus der Maqschara und entfloh. Er war bei der Münze verschuldet, denn ihm war auferlegt, dem Sultan jeden Monat eine erkleckliche Summe zu bringen. Er hatte nämlich den ganzen Kurs von Gold und Silber ruiniert, und seine Falschmünzerei war sonnenklar, so daß die meisten Leute und die Emire schließlich Krach machten. Denn die Währung des Sultans galt in den meisten Gebieten nichts mehr. Djamâluddîn ließ das Geld, das von den Sultanen Barsbay, Djaqmaq, Inal, Khuschqadam und Qaitbay geprägt war, nicht mehr umlaufen, und nur das Gold und Silber Ghûrîs wurde im Handel verwendet, trotz all dieser gräßlichen Fälschungen darin. Als das überhand nahm, klagten einige Emire beim Sultan darüber, und der ergriff Djamâluddîn den Fälscher, schlug ihn ganz fürchterlich und sperrte ihn im Maqschara-Gefängnis ein. Dort blieb er ein paar Tage; dann lief er weg, und als er geflohen war, richtete der Sultan seinen Haß gegen den Präfekten und wollte ihn umbringen. Dann legte er ihm die Zahlung von 15.000 Dinar auf. Die Aufseher der Maqschara flohen auch und versteckten sich, und der Dawâdâr des Präfekten wurde geprügelt, und so passierten einer Menge Leute schlimme Dinge wegen dieses Djamâluddîn.

Am Mittwoch, dem 18., kam Qorqud Bey ibn Osman nach Schubra. Als er dort ankam, machte der Sultan für ihn die Barabakhiyya-Hallen in Bulaq frei und ordnete an, daß der Intendant der Privatschatulle ihm bringe, was immer er brauche an Teppichen, Gefäßen und Porzellan und anderen Gebrauchsgegenständen. Eine Anzahl von Emiren ging hin, um ihn zu begrüßen. Der Sultan hatte den Inspizienten und den Beduinenschaikhs befohlen, ihn auf seinem Wege zu begrüßen und ihm Diners und prächtige Essen zu geben. So legten sie den Lehensbesitzern auf, viel an Schafen, Gänsen, Hühnern und so weiter (umsonst zu liefern), und so ging das immer weiter, bis er in dem Staatsschiff, von dem aus der Deich durchstochen wird, an den Barabakhiyya-Hallen ankam. Als er dort eintraf, sandte der Sultan ein prächtiges Mahl. Dann begaben sich Atabeg Qorqmas und die Tausender-Emire alle zu ihm, um ihn zu grüßen, dann die vier Qadis und die vornehmen Zivilbeamten in hohen Stellungen. Er fing an, sich vor jedem, der kam, zu erheben. So ging das weiter bis zum Montag, den 23.. Da schickte der Sultan zwanzig Pferde für ihn und seine Begleitung, darunter vier Handpferde mit Goldsätteln, Brokatschabracken und gelbseidenen Decken. Dann befahl der Sultan dem Aufseher des Heeres, zu allen Emiren zu gehen und sie zu informieren, daß die Sitzung im Zitadellenhof in Gala stattfinde. Der Sultan ließ den brokatenen Baldachin über der Estrade aufstellen; die Estrade wurde mit gelbem Atlas bedeckt. Er ordnete auch an, daß die Zitadelle am Tor des Arsenals mit den Sultansfahnen und Waffen geschmückt werden und die großen Kanonen am Arsenaltor aufgestellt werden sollten. Dann befahl er, daß der Protokollchef und die Garde-Offiziere sich zu Ibn Osman begeben sollten, in voller Gala, um vor ihm zur Zitadelle zu steigen. So wandten sie sich nach Bulaq und ließen ihn von den Barabakhiyya-Hallen auf einem Pferd mit Goldsattel und Schabracke reiten, die königlichen Handpferde vor ihm. Sie brachten ihn von al-Maqs über den Mardjûsch-Markt und ließen ihn ganz Kairo durchqueren, und das war ein spektakulärer Tag für ihn, und die Leute kamen scharenweise, um ihn zu sehen. Er blieb in diesem prächtigen Zug, bis er die Zitadelle erreichte und zum Sultanshof hinauffritt. Dann stieg er an der Estrade am Duhaischa-Tor ab, wo man ihm einen seidenen Sitz vorbereitet hatte, so daß er eine Weile ausruhen konnte, ungefähr ein Grad (4 Minuten). Dann trat er in den Hof ein. Als er dahin kam, wo die Teppiche anfingen, stieg der Sultan vom Podium hinab und blieb stehen, bis Ibn Osman zu ihm kam, und sie umarmten sich. Man sagte, Ibn Osman habe die Hand des Sultans geküßt und auf seine Augen gelegt. Dann unterhielt sich der Sultan eine Weile mit ihm im Stehen. Als der Sultan ihm ein Ehrenkleid verliehen und er den Hof verlassen hatte, ritt er von der Estrade des Intendanten des Sultanshofes fort.

Der Grund für Qorquds Ankunft in Ägypten war, daß, wie man sagte, ein Mißverständnis zwischen ihm und seinem Vater aufgetreten war und er zum Sultan kam, damit der zwischen ihnen Frieden stiften möge. Qorqud Bey war ein junger Mann, etwa vierzig, mittelgroß, mit arabischen Gesichtszügen und von leicht gelblicher Farbe, mit schlankem Körper, schwarzem Bart, schön von Gestalt; er trug einen turkmenischen Turban, der kleiner war als die Turbane seiner Begleiter. Es hieß, er sei der älteste Sohn Bâyezîds.

Der Sultan ließ ein Ehrenkleid kommen, und man brachte ihm ein Ehrenkleid mit Gold durchwoben aus dem königlichen Atelier, das wie ein Blitz funkelte. Das wurde Qorqud Bey angezogen. Als er zur Zitadelle kam, trug er einen Dolman aus gelber Seide und darüber einen offenen Überwurf aus grüner Wolle; das nahm man ihm ab, und er zog das Ehrenkleid des Sultans an. Der Sultan ehrte ihn über die Maßen, ganz im Gegensatz zu dem, was Sultan Djamdjama ibn Osman passiert war, als er zu Sultan Qaitbay kam...

Nachdem er in der Barabakhiyya angekommen war, löste sich der Festzug auf, und der Sultan gab ihm dort ein prächtiges Essen. Auch schickte er ihm 20.000 Dinar, 10.000 in Silber und 10.000 in Gold, und eine Anzahl von Bündeln, in denen kostbare Stoffe waren, solche aus Alexandrien und Manzala usw. Darauf schickte Ibn Osman dem Sultan ein prächtiges Geschenk, von dem ich nicht weiß, wie viel es wert war.

Eine Gruppe von Mamluken zog zum Hause eines Garde-Offiziers namens Inal Bay, zündete das Haus an und raubte, was darin war. Der Grund war: ein bartloser Jüngling war Pantoffelträger bei einem der Mamluken. Nun war der fortgelaufen und hatte bei diesem Emir Schutz gesucht. So ging der Mamluk zu ihm und verlangte den Jungen zurück und behauptete, er hätte ihm etwas gestohlen. Der Mamluk wurde dem Emir gegenüber sehr grob, und der züchtigte und prügelte ihn. Da kamen ihm seine Mannschafts-Kameraden zu Hilfe, gingen zum Hause dieses Inal Bay, plünderten es und wollten es abbrennen. Da verklagte er sie beim Sultan, aber der kümmerte sich nicht um seine Beschwerde, und der Raub ging auf seine Kosten.

Es kamen Nachrichten, daß die Soldaten, die mit Husain nach Indien gezogen waren, ganz schrecklich von den Europäern geschlagen worden seien; fast alle seien getötet, und alles, was in ihren Schiffen war, sei geraubt worden. Der Sultan war sehr erbittert über diese Nachricht.

Rabî' I (19. Juni–18. Juli)

Zu den netten und ungewöhnlichen Dingen gehört, daß am Ratlî-Teich dieses Jahr Hanf gesät wurde, und das war noch nie dagewesen. Es war Kamâluddîn ibn Qûsân, der diesen Hanf pflanzte. Er hatte ein Stück Land am Ratlî-Teich gemietet, und jeder, der kam, war entzückt darüber, vor allem aber die Hanfliebhaber, die Haschischraucher. Die Leute kamen haufenweise, um diesen Hanf anzusehen.

Djamâluddîn der Falschmünzer, der aus der Maqschara
geflüchtet war, wurde ergriffen. Der Sultan ordnete an, ihn
aufzuhängen. Da zeigten sie ihn nackt auf einem Esel, während die Henkersknechte vor ihm schrieen, bis sie ihn zum
Hause eines Zehner-Emirs namens Timurbay brachten, der
in Alt-Kairo wohnte. Da, an dessen Tür, wurde er gehängt,
und mit ihm fünf andere, die mit ihm zusammen Geld ge-
fälscht hatten. Die Ursache (für die Wahl dieses Ortes) war,
daß dieser Timurbay den Sultan mit Djamâluddîn bekannt-
gemacht und ihm gesagt hatte, daß Djamâluddîn Alchemie
verstehe – und es zeigte sich, daß das eine Lüge war.

Der Damm Umm Dînâr in Gizeh brach. Es waren die
Nächte des Nilhochwassers, und deshalb gab es viel Aufregung. Der Marschall Qani Bay Qara ritt auf Postpferden
hinaus und überschritt den Fluß nach Gizeh, aber er konnte
die Bresche nicht schließen. So schickte er zum Sultan, um
Hilfe zu erbitten. Der Sultan befahl einer Anzahl von Tausender-Emiren, dorthin zu gehen und ihm bei der Reparatur
des Dammes zu helfen... Als sie dort ankamen, konnten
auch sie nichts machen. Die Leute hatten riesigen Schaden
(von dieser Aktion), denn die Emire fingen an, Leute auf
den Pfaden zu ergreifen, in Ketten zu legen und zum Damm
Umm Dînâr zu bringen, und versuchten, ihn mit viel Holz
und Stricken zu schließen, aber trotzdem ließ sich die Bresche nicht schließen. Das war ein sehr merkwürdiges Ereignis.

Aus Mekka kam die Nachricht, daß Prinzessin Asal Bay,
die Mutter des Malik an-Nâsir, Konkubine von Sultan Qaitbay, Schwester von Sultan Zâhir Qansauh und Gattin von
Sultan Djanbulat, dort gestorben sei. ... Der Sultan begann, die Leute der Prinzessin zu ergreifen, denn es zeigte
sich, daß sie viel Vermögen und kostbare Dinge in einer

Anzahl von Magazinen hatte. Deswegen hatte eine Anzahl von Frauen Schlimmes zu leiden – sie wurden mehrfach geprügelt und (mit Zangen) gepreßt und litten sehr Übles um ihretwillen. Sie blieben lange unter Arrest, ja, einige bis zum heutigen Tag.

Djumâdâ I (17. August–15. September)
Tuman Bay, der Großdawâdâr, stieg mit einem prächtigen Geschenk zum Sultan hinauf, weil er gerade aus Oberägypten kam. In seinem Geschenk waren 10.000 Dinar, hundert Pferde, hundert Kühe, fünfhundert Schafe und dreißig Sklaven und vieles andere.

Djumâdâ II (16. September–14. Oktober)
An der Gänsebrücke tauchte eine ertrunkene Frau auf, die kostbare Kleider trug, in den Ohren Ringe mit Rubinen und um das Handgelenk einen goldenen Armreif hatte. Der Präfekt holte sie heraus und legte sie auf eine Bahre nahe der Moschee von az-Zâhir; da blieb sie einen Tag und eine Nacht, aber niemand kannte sie. So wurde sie dort begraben.

Radjab (15. Oktober–13. November)
Der Vater von Mu'înuddin ibn Schams, dem Aufseher des Schatzhauses, starb ganz plötzlich. Es heißt, der Sultan hätte Geld von ihm haben wollen; da hätte er einen Diamantring (mit Gift) verschluckt und sei in derselben Nacht gestorben.

Der Präfekt ergriff eine Frau namens Anas. Sie war von schlechtem Lebenswandel und versammelte bei sich die Töchter der Sünde. Sie wohnte in der Ezbekiyya, und als Atabeg Qorqmas an die Macht kam, wandte sie sich nach Qalyub. Da schickte der Sultan aus, sie zu verhaften, und als man sie ergriffen hatte, befahl der Sultan, sie zu ertränken.

Man sagt, sie habe sich mit 500 Dinar freigekauft; da ordnete er an, sie zu deportieren.

In diesem Monat legte der Sultan der Gemeinschaft der Maghrebiner 32 .000 Dinar auf. Der Grund war: als Taghribirdi der Dragoman sich ins Land der Europäer begeben hatte, hatte er eine Anzahl maghrebinischer Gefangener von europäischen Fürsten freigekauft, für etwa 50.000 Dinar. Als diese nun befreit waren, wollte der Sultan das, was er dafür ausgegeben hatte, auf die Maghrebiner in Kairo und Alexandrien umlegen, als Gegenleistung für seine Ausgaben.

Ramadân (13. Dezember–11. Januar)

In diesem Monat wurden die Arbeiten an dem Pavillon beendet, den der Sultan hinter dem Garten am Becken anlegen ließ und der den Sultanshof überblickt. Er wurde 60 Ellen lang und etwa 20 Ellen breit; er ließ durchbrochene Fenster nach dem Hofe und nach dem Garten anbringen und baute dies wie einen koptischen Pavillon ohne Säulen. Er kleidete ihn ziemlich hoch mit Marmor aus. In der ersten Nacht im Ramadân brach er dort das Fasten, und die Emire versammelten sich bei ihm. Er gab ein Essen und entfaltete an diesem Abend höchsten majestätischen Prunk.

In diesem Monat erschien in Qalyub, oder Qalma, ein kleines Mädchen, noch nicht erwachsen, von der es hieß, sie habe den Propheten – Gott segne ihn und gebe ihm Heil! – mehrmals im Traume gesehen und könne erstaunliche Wunder vollbringen. Und die Leute gingen scharenweise zu ihr. Es verbreitete sich das Gerücht, daß sie die Lahmen gehend mache und den Blinden das Augenlicht zurückgebe, und sonderbare Dinge dieser Art wurden von ihr erzählt, die nicht wahr sind. Aber obwohl die Miete für einen Esel von Kairo nach Qalyub ein ganzes Goldstück kostete, gingen eine Menge Gardisten und Zehner-Emire und Vornehme zu ihr, und sie wurde in Kairo überaus berühmt.

Dhu'l-qa'da (10. Februar–11. März)

Am Sonnabend, dem 14., stieg der Sultan hinab, um spazierenzugehen. Er wandte sich zum Mausoleum von Sultan Qaitbay, stieg vom Pferd, trat ein, besuchte sein Grab, weinte dort, wälzte sich im Staube an seinem Grab und rezitierte die Fâtiha für ihn, und er ordnete an, den Sufis und den Pförtnern 100 Dinar zu geben. Von dort ritt er zum Mausoleum des Sultans 'Âdil Tuman Bay, stieg vom Pferd, besuchte sein Grab und rezitierte für ihn die Fâtiha und befahl, den Sufis 100 Dinar zu geben. Von dort ritt er auf dem Rückweg zum Baukomplex von Jaschbek dem Dawâdâr, stieg vom Pferd, besuchte sein Grab und rezitierte die Fâtiha für ihn. Von dort ritt er zum Trockenklee-Markt und kam zum Mausoleum des Sultans Aschraf Djanbulat, stieg ab, besuchte sein Grab und rezitierte die Fâtiha und ließ den Sufis 100 Dinar geben. Dann kehrte er durch die Wüste zur Zitadelle zurück – er hatte nur wenige Soldaten bei sich.

Dhu'l-hidjdja (12. März–9. April)

Die Festversammlung war prächtig, und der Sultan feierte wie üblich. Als der erste Festtag vorüber war, ging der Sultan am zweiten Festtag zum Baukomplex des Emirs Jaschbek in Matariyya und blieb dort bis zum Nachmittag. Dieser Tag war auch das Fest der Christen und der erste Tag der Osterzeit. Er erholte sich dort und gab ein prächtiges Essen. Eine Anzahl von Sängern und Musikanten erschienen vor ihm, und er befahl einem der Zehner-Emire zu tanzen. Der stand auch auf und tanzte vor dem Sultan – da ließ er ihm 100 Dinar geben. Nachdem er das Nachmittagsgebet verrichtet hatte und fortritt, nahm er aus seiner Tasche einen Beutel mit Gold und fing an, daraus den ganzen Weg lang Geld an die Armen und wer gerade dastand zu verteilen. Er gab es ihnen mit eigener Hand, ohne Vermittlung, so wie es gerade kam, und das machte er, bis er zur Zitadelle kam – und das war ein recht königlicher Tag!

In diesem Jahre wuchsen die Bäume, die der Sultan im Hippodrom gepflanzt hatte, und die Pflanzen, die er gesetzt hatte, blühten: Rosen und Jasmin, Bân und Iris und weiße Lilien und andere seltsame Blumen. Ich habe mit eigenen Augen eine weiße Rose mit starkem Duft gesehen, die war ganz anders als die Rosen in Ägypten; sie war von Syrien importiert und hatte zur Sommerzeit geblüht, als der Nil stark im Steigen war. Es ist eine seltsame Sorte, die man nicht in Ägypten findet. Der Sultan hatte eine große Bank errichtet, mit Einlegearbeiten aus Elfenbein und Ebenholz, und hatte darauf einen Samtsitz mit einem Lederteppich gelegt; da saß er, während die Jasminzweige ihn beschatteten und schöne Mamluken um ihn herum standen, mit Wedeln in der Hand, um ihm die Fliegen abzuwehren. In den Bäumen hatte er Käfige mit Singvögeln aufgehängt, Nachtigallen, Holztauben, Sprosser, Lerchen, Tauben und Ringeltauben und andere Singvögel, und zwischen den Bäumen liefen abessinische Hühner und chinesische Enten, Rebhühner und andere Vögel herum, und hin und wieder setzte er sich an das Becken, das 40 Ellen lang war und mit Hilfe der Wasserräder am Aquaedukt, die Tag und Nacht in Betrieb waren, alle Tage mit Nilwasser gefüllt wurde. Dort saß er dann auf einem Thron an den meisten Freitagen, und keiner der Emire kam zu ihm, ausgenommen, er wollte ihn um sich haben. Er hat wunderbar schöne Dinge geschaffen, die kein anderer Sultan geschaffen hat; denn dieses Hippodrom wurde wirklich ein Paradies auf Erden.

Mir selbst war passiert, daß der Sultan mein Lehen fortgenommen hatte bei der Mamlukenmeuterei, als er die Lehen der Mamlukennachkommen an sie vergab. Ich kam vor ihn ins Hippodrom mit einer Klageschrift; er gab mir mein Lehen zurück, und ich fand bei ihm außerordentliche Energie, und er half mir gegen die Mamluken, die mein Lehen genommen hatten. Da pries ich ihn in einem langen Lobgedicht, in dem ich viele seiner guten Taten beschrieb, und ließ es ihm durch einen seiner speziellen Freunde überreichen.

Das Jahr 916 d. H.

Muharram (10. April–9. Mai)

[Nach der Gratulationscour zu Beginn des neuen Jahres] erhob sich der Sultan, ging zu dem Bassin, das er im Hippodrom gebaut hatte und lud die Emire ein. Atabeg Qorqmas und die Tausender-Emire erschienen. Als alle anwesend waren, ließ der Sultan eine Serviette bringen, in der Rosen aus dem Garten des Hippodroms waren. Er nahm eine dieser Rosen, roch an ihr und reichte sie dem Atabeg Qorqmas. Der erhob sich, nahm sie und küßte den Boden. Dann nahm (der Sultan) eine andere Rose, roch daran und reichte sie dem Waffenemir. Der erhob sich, nahm sie und küßte den Boden . . . So verteilte er je eine Rose an alle Tausender-Emire, und jeder nahm sie, stand auf und küßte den Boden vor ihm. Das war wirklich sonderbar, daß alle Tausender-Emire um einer Rose willen den Boden vor ihm küßten! Dann gab er ihnen an diesem Tage ein prächtiges Essen, und sie blieben bis nach dem Mittagsgebet bei ihm, und die Rechtsprechung fiel an diesem Tage aus.

Am Samstag, dem 11., rebellierten einige Djulbân-Mamluken und warfen aus ihren Kasernen Steine auf die Leute. Das hing damit zusammen, daß die Mamluken vom Sultan eine Sonderlöhnung von 100 Dinar pro Mann haben wollten; denn in diesen Tagen gab es kein Fleisch, weil Meister 'Alî as-Sughayyir arrestiert war. Als diese Unruhen begannen, wollte der Sultan Meister 'Alî zweiteilen, aber ein Emir flehte um Gnade für ihn. Dann gingen die Mamluken zu Fuß von ihren Kasernen hinunter zum Hause des Atabegs Qorqmas, zwangen ihn, sein Pferd zu besteigen, und sagten:

»Geh zum Sultan hinauf und sag ihm, er soll uns Sonderlöhnung geben!« Dann gingen sie zu Sudun al-'Adjamî, dem *amîr madjlis,* und ließen ihn gegen seinen Willen hinaufreiten, und dann zu Tarabay, dem Obersten der Garde, und zu Tuman Bay dem Dawâdâr und zwangen sie, hinaufzureiten. Als sie zur Zitadelle kamen, redeten sie mit dem Sultan über die Sonderlöhnung. Aber der Sultan weigerte sich ganz entschieden und hätte sich beinahe vom Sultanat abgesetzt. Als sie den Mamluken diese Antwort brachten, daß der Sultan sich weigere, ihnen Sonderlöhnung zu zahlen, breitete sich die Meuterei aus. Die Mamluken gingen scharenweise aus den Kasernen hinunter in Käppchen und Schafsfellen und mit Knütteln in der Hand. Sie begaben sich zum Markt der Ibn-Tulun-Moschee und raubten dort eine Anzahl Läden aus und auch Läden in der Salîba; dann gingen sie zum Markt Taht ar-Rab' und raubten dort etliche Läden aus, ferner Läden im Teppichbazar und in anderen Märkten, so daß Kairo beinahe völlig zerstört worden wäre. Aus Angst vor den Mamluken verschlossen die Emire ihre Türen den ganzen Tag, und alles war aufgeregt, denn den Leuten war viel geraubt worden, im Wert von ungefähr 20.000 Dinar. Den Mamluken schloß sich auch eine große Menge von Dienern und schwarzen Sklaven an, so daß die Leute die Nacht in großer Angst zubrachten und niemanden fanden, der die Mamluken zurückhalten konnte. Es war eine fürchterliche Nacht, in der alles erlaubt war. . . . Dann, am Sonntag morgen, ging es mit dem Plündern und Rauben weiter, ja, es wurde immer schlimmer. Die Mamluken hinderten die Emire, auszureiten und in den Straßen umherzugehen, und die Märkte wurden geschlossen. Da ließ der Sultan ausrufen, die Mamluken hätten im Hof zur Parade zu kommen, aber nicht einer ging hinauf. Das ging auch am Montag so weiter. Sie hatten jetzt Waffen angelegt und wandten sich zur Ezbekiyya, wo sie bei Daulat Bay, dem Waffenemir, eindrangen und ihn zum Sultan machen wollten. Der aber floh vor ihnen und ging hinauf zum Sultan. Dann hörten die Mamluken, daß die Emire über sie herfallen wollten und bereits eine Anzahl von ihnen ergriffen hatten. Da legten sie die Waffen ab und gingen in die Kasernen zurück. Daraufhin verkündete der Präfekt in Kairo, daß kein Mamluk, kein schwarzer Sklave und kein Diener nach dem Abendgebet auf dem Markt herumlaufen dürfe; jeden, den er nach dem Abendgebet dort sähe, würde er zweiteilen. Tatsächlich wurde an diesem Tag eine ganze Menge von Dienern und schwarzen Sklaven zweigeteilt, und da wurde es etwas ruhiger. Darauf begann Tuman Bay der Dawâdâr, mit einer Anzahl Mamluken auszureiten, ritt durch Märkte und Wohnviertel und überraschte die Mamluken in ihren Ställen, und bei wem er Diebesgut von dem Raub fand, dem nahm er es weg und gab es seinem Besitzer zurück. Und die Leute zeigten jeden an, der etwas Geraubtes hatte, und so überrumpelten sie sie und nahmen ihnen das weg und gaben den Besitzern einiges zurück. Dann begaben sich die Händler vom Markt der Ibn-Tulun-Moschee und die vom Markt Taht ar-rab' zum Sultan und klagten ihm vor, was sie von den Mamluken erduldet hatten, und der Sultan ordnete an, daß Barakât ibn Mûsâ hinuntergehen und alles über die Plünderungen aufschreiben solle. Er fand, daß fünfhundertsiebzig Läden ausgeraubt worden waren, aber den Leuten ersetzte keiner etwas. Man schätzte, daß Waren im Wert von rund 20.000 Dinar bei dieser Gelegenheit geraubt worden waren – und es gibt keine Hilfe und Stärke als bei Gott dem Hohen, dem Mächtigen!

Man hörte, daß Tuman Bay Qara, der zweite Kämmerer, seinen Sekretär getötet habe. Er hätte ihn mit einer Schlinge erwürgt und im Stall begraben, als er betrunken war. Als der

Sultan das hörte, kümmerte er sich nicht weiter darum. Ein Mensch namens Taqîuddîn ibn ar-Rûmî, einer der hanafitischen Vertreter – von dem wurde gesagt, daß er über den Propheten (Gott segne ihn und gebe ihm Heil!) mit Worten hergezogen sei, die sich nicht ziemen. Eine große Menge von Leuten, die dabeigewesen waren, bezeugte das, und der Sultan erfuhr es.

Safar (10. Mai – 7. Juni)

Der Sultan bestimmte Mu'înuddin ibn Schams, den stellvertretenden Geheimschreiber, als Gesandter nach Indien zu gehen. Dann wurde nichts aus seiner Reise nach Indien. Er war nämlich nicht angenehm anzusehen, sondern sah aus wie eine alte Nachteule. Kurz darauf ergriff der Sultan ihn und sperrte ihn in der Arqana ein, denn man hatte ihn beim Sultan denunziert (und behauptet), jener habe ihn verflucht und wolle sein Ende.

In diesem Monat erschienen die Gesandten des Königs Mahmûd Schah von Cambay und anderer indischer Könige. Sie hatten Briefe für den Sultan mit sich, er solle rasch einen Feldzug nach Indien ausrüsten wegen der Übergriffe der Europäer dort. Denn diese wurden immer stärker und begehrten das Land zu besetzen, nachdem sie Husain besiegt hatten, den der Sultan als Leiter des Expeditionskorps ausgeschickt hatte.

Rabî' I (8. Juni – 7. Juli)

In diesem Monat entzog der Sultan seine Gunst dem Muhammad ibn Su'aidâ, der bei ihm Spitzel war und ihm Nachrichten von den Leuten zutrug. Der hatte bei ihm so hoch in Gunst gestanden, daß er mit ihm auf der Estrade saß und mit ihm Schach spielte. Er war unter den Leuten für seine Zwischenträgerei bekannt, und er war es, der sich bemüht hatte, den Oberqadi Ibn an-Naqîb wieder ins Qadi-Amt zurückzubringen. Dann passierte etwas zwischen diesem und Ibn Su'aidâ; und Ibn an-Naqîb ging zum Sultan und verklagte ihn, daß er den Sultan schmähe und beschimpfe. Da ärgerte sich der Sultan über Ibn Su'aidâ, der in diesen Tagen über die Maßen leichtfertig geworden war und sich die Leute zu Feinden gemacht hatte wegen seiner Zwischenträgerei. Auch wurde seinetwegen viel über den Sultan geredet, denn er war schön anzusehen. Als der Sultan ihm seine Gunst entzog, ließ er ihn holen, vor sich zu Boden werfen und schlug ihn entsetzlich und befahl, ihn in die Oasen zu verbannen.

Rabî' II (8. Juli–5. August)
In diesem Monat kam ein Elefant aus dem Lande der Neger zum Sultan. Er war klein – ungefähr wie ein Wasserbüffel – und etwa ein Jahr alt. Als der zum Sultan hinaufging, wurde Kairo ganz verrückt, denn seit etwa vierzig Jahren hatte es dort keinen Elefanten mehr gegeben, so daß die Leute vergessen hatten, wie einer aussah. So liefen sie hin, um ihn zu bestaunen. Nach einer Weile kam noch ein anderer Elefant, und es hatte sich schon herumgesprochen, daß er bald kommen würde.

In diesem Monat passierte etwas Merkwürdiges. Drei Mamluken entführten Frauen vom Wege nach al-Maqs, die ihre Schmuckstücke (?) bei sich hatten, wie es die Frauenart bei Hochzeiten ist. Als sie sie packten, konnte eine sich losreißen, aber die anderen brachten sie zu ihren Ställen. Als der Präfekt das hörte, überrumpelte er diese Mamluken und nahm sie alle fest. Als sie dem Sultan vorgeführt wurden, schlug er sie so fürchterlich, daß sie fast umkamen, und befahl, sie in der Maqschara einzusperren. Sie wurden gerade am Tage der Soldzahlung vorgeführt, und der Sultan befahl dem Mamlukensekretär, den Sold dieser Mamluken den Frauen zu zahlen, als Schmerzensgeld für das, was die Mamluken ihnen angetan hatten. So zahlten sie jeder Frau 2.000 Dirham, und das gehörte zu den höchst merkwürdigen Ereignissen.

Djumâdâ I (6. August–4. September)

Am 2. des Monats ließ der Sultan den gesamten Koran am Nilometer rezitieren und gab dort ein prächtiges Essen, zu dem die Qadis und die Vornehmen erschienen. Der Grund war, daß der Strom beim Zunehmen zögerte, und es waren schon sechzehn Tage des Monats Mesori vergangen, und er hatte noch nicht den Höchststand erreicht. Als die Qadis dorthin kamen, stieg der Nil in der Nacht um acht Finger, dann, in der zweiten Nacht, um fünfzehn Finger, und er stieg immer mehr, bis am 20. Mesori Hochwasser war. Der Damm wurde am 21. Mesori geöffnet, das war der 8. Djumâdâ al-ûlâ. Das Hochwasser war acht Tage später als im Vorjahr.

Am Freitag, dem 17., ließ der Sultan den Oberqadi Kamâluddîn at-Tawîl rufen, verlieh ihm ein Ehrenkleid und setzte ihn wieder als schafiitischen Qadi anstelle von Ibn an-Naqîb ein. Der hatte dieses Amt zwei Monate und sechzehn Tage verwaltet und hatte beachtliches Geld dafür ausgegeben – für diese kurze Zeit! Es war, wie man sagt:

Die Umarmungen zu seiner Ankunft waren noch nicht
zu Ende,
Als ich schon anfing, ihn zum Abschied zu umarmen.

Dann ließ der Sultan ihn verhaften und schickte ihn ins Haus des Intendanten der Privatschatulle, denn er hatte noch 1000 Dinar von dem (Bestechungsgeld) zu bezahlen, mit dem er sich um das Amt bemüht hatte, und der Sultan ließ ihm das nicht durchgehen. Kein Mensch bedauerte ihn deswegen. Die Emire hatten sich alle für Kamâluddîn at-Tawîl stark gemacht, ja, ein Emir verrichtete das Gebet nicht in der Zitadelle, so lange Ibn an-Naqîb im Amte war, und er konnte mit keinem von ihnen auskommen. – Als nun dieser Freitag kam, ließ der Sultan den Qadi Kamâluddîn kommen, als er im Hippodrom war, und verlieh ihm dort ein Ehrenkleid, und er durchquerte Kairo in prächtigem Zuge, und die Läden wurden mit Kerzen und großartigen Waren-auslagen geschmückt; Sänger, Trommel und Pfeifen begrüß-ten ihn, und die Frauen trillerten für ihn von den Balkonen. Er blieb in diesem prächtigen Zug, bis er zum Baibarsiyya-Kloster kam, und als die Zeit für das Freitagsgebet kam, stieg er zur Zitadelle und predigte vor dem Sultan beredt über seine Wiedereinsetzung und rezitierte: »Dieses ist un-ser Vermögen, das uns zurückgegeben ward.« [Sura 12:65.] Als das Gebet vorüber war, verlieh der Sultan ihm ein zweites Ehrenkleid, und man hörte, daß er auch Schaikh der Khaschabiyya- und der Scharîfiyya-Madrasa würde . . . und eine solche Ämteransammlung war noch nie bei einem Qadi dagewesen. . . . Man sagte, Qadi Kamâluddîn habe sich um diese drei Ämter mit 5000 Dinar bemüht; das Amt des Schaikhs der Baibarsiyya hatte er allerdings schon vorher.

In diesem Monat nahmen die Konfiskationen bei Zivilbe-amten immer mehr zu. Der Sultan legte sogar den Al-Yasâr Beduinen, die unter der Zitadelle lebten, eine beträchtliche Summe auf und sagte zu ihnen: »Euch machen Haufen unter der Zitadelle, von eurem Dreck, was gar nicht weggeschafft werden kann. Höchstens für 10.000 Dinar.« Und das nahm er zum Vorwand gegen sie.

Nachrichten kamen aus Mekka, daß Scharîf Barakât, der Oberherr von Mekka, drei Europäer gefangen hatte, die nach Mekka hineingekommen waren, als Anatolier verklei-det. Als man sie festgenommen hatte, fand man, daß sie nicht beschnitten waren, und so wurde es klar, daß es Europäer waren, Spione von irgendeinem europäischen König. (Der Scharîf) legte sie in Ketten und schickte sie zum Sultan.

Nachrichten kamen aus dem Maghreb, daß die Europäer die Stadt Tripolis besetzt hätten. Das ist eine der großartigsten Städte im Westen, eine widerspenstige Stadt. Und wenn die Europäer nicht eine List gebraucht hätten, hätten sie sie nie bekommen; aber sie umzingelten sie vom Meer und vom Festland, und da gab es eine gewaltige Schlacht zwischen den beiden Gruppen. Von den Muslimen wurden etwa vierzigtausend Menschen getötet, und das war ein fürchterlich schlimmes Ereignis. Die Europäer kamen von See mit hundert Schiffen und landeten, und da kam es zum Kampf, bis sie die Stadt besetzt hatten. Als der Sultan das hörte, erbitterte ihn das über die Maßen und auch die Leute insgesamt.

Nachrichten kamen vom Stadthalter von Bira, daß er eine Anzahl von Leuten Ismails des Sophi ergriffen habe; die hätten Briefe vom Sophi an einige europäische Könige bei sich gehabt, daß sie ihnen gegen den Sultan von Ägypten helfen sollten. Er wollte von der Landseite nach Ägypten kommen, und sie sollten von der Seeseite kommen. Der Statthalter von Bira ergriff sie und schickte sie zum Sultan.

Nachrichten kamen, daß der Fürst von Tlemcen im Westen die Europäer besiegt und zurückgeschlagen hätte, die die Stadt Tripolis erobert hatten. Der Sieg gehörte den Muslimen. Da freuten sich der Sultan und alle Leute.

Djumâdâ I (5. September–3. Oktober)
Am Mittwoch, dem 6., waren die Kanonen fertig, die der Sultan hatte gießen lassen, und er ordnete an, sie nach dem Mausoleum des 'Âdil in Raidâniyya zu transportieren. So zogen sie sie auf Rädern – es waren etwa fünfzehn Kano-

nen! – und litten Schreckliches beim Transport, und an diesem Tage wurden einer der Packträger getötet und eine Menge von Zimmerleuten verletzt, und es war ein fürchterlicher Tag.

Am Mittwoch, dem 13., begab sich der Sultan zum Mausoleum 'Âdils in Raidâniyya, und man erprobte vor ihm die Kanonen, die er hatte gießen lassen. Als sie das Pulver entzündeten, platzten sie alle, und ihre Bronzestücke flogen in der Luft herum, und nicht eine einzige war in Ordnung – und es waren fünfzehn Kanonen! Der Sultan ärgerte sich an diesem Tage ganz über die Maßen und kehrte rasch zur Zitadelle zurück, obgleich er geplant hatte, ein großes Essen für die Emire zu geben und sich zu amüsieren. Aber daraus wurde nichts.

In diesem Monat schickte der Sultan aus, die Mönche in der Auferstehungskirche in Jerusalem zu ergreifen, und er ließ auch die übrigen Europäer verhaften, die in Alexandrien, Damiette und anderen Küstenstädten waren. Das geschah wegen der Europäer, die den Emir Muhammad getötet und die Schiffe des Sultans gekapert hatten.

Nachrichten kamen, daß ein schreckliches Erdbeben in Istanbul stattgefunden hatte, das die Minarets umwarf und eine Menge Plätze verwüstete; und ungezählte Menschen seien dabei umgekommen. Das ist der Sitz des Osmanischen Reiches, und so war es ein gewaltiges Unglück.

Es heißt, eine fromme Frau habe geträumt, daß zwei Engel vom Himmel kamen und zum Strom flogen, und einer habe (den Strom) mit seinem Fuß berührt, so daß er schnell sank. Dann sagte einer zum anderen: »Wahrlich, Gott der Erhabene hatte dem Nil befohlen, auf 20 Ellen zu steigen, aber da die Tyrannei in Ägypten zunimmt, hat er ihm erlaubt, zu fallen, als er erst 18 Ellen hoch war.« Als sie aufwachte, war der Nil in dieser Nacht auf einmal gefallen.

In diesem Monat starb Djanim al-Ibrâhîmî, ein Vierziger-Emir, der sehr ausschweifend war. Es war ein Unfall; denn er fiel betrunken von einem hohen Platz und starb sofort.

Radjab (1. Oktober–2. November)

Einer von den Mamlukennachkommen namens Jûnus ibn Sudun al-Faqîh, der nahe der Aleppo-Gasse am Elefantenteich wohnte, stieg zum Sultan hinauf. Er hatte einen Garten angelegt und in ihm einen syrischen Walnußbaum gepflanzt. Der wuchs, und nach dreißig Jahren trug er Nüsse. Er sammelte sechzig Nüsse davon und brachte sie zum Sultan, der darüber entzückt war und nicht glauben wollte, daß dies Nüsse waren, die in Kairo gediehen waren. So forschte er nach, ob das stimme, und erhielt die Bestätigung. Da gewährte er Jûnus zehn Dinar und ehrte ihn über die Maßen.

Scha'bân (3. November–1. Dezember)

Am Mittwoch, dem 19., wandte sich der Sultan nach Matariyya zum Mausoleum des 'Âdîl. Dort hatte Hasan ibn as-Sayyid, der Meister-Ingenieur, ihm auf der Erde die Grundrisse des Hafens von Alexandrien aus Gips hergestellt, mit all seinen Türmen und Toren und seiner Form und dem Leuchtturm, der dort gewesen war, in genauem Maß in Länge und Breite. Der Sultan stieg hinab, um sich das anzusehen, und erfreute sich daran; dann kehrte er wieder zur Zitadelle zurück.

[Am 23. Ramadân stirbt der allseits beliebte Atabeg Qorqmas plötzlich; der Sultan weint, und die Beisetzung ist überaus feierlich.]

Schawwâl (1. Januar–29. Januar)

Etwas Sonderbares passierte: Einer von den Sultansmamluken namens Schâhîn, der schon sehr alt war, wollte in diesem Jahr die Pilgerfahrt unternehmen und ging mit seiner Frau zum Pilgerteich. Da fiel ihm ein, daß er noch etwas im Hause zu tun hatte, und er kehrte nachts zurück. Da zog ihm eine Gruppe Beduinen entgegen, die brachten ihn beim Allan-Brunnen um, trugen ihn in sein Haus, wuschen ihn, hüllten ihn in ein Leichentuch und begruben ihn. So kehrte seine Frau vom Pilgerteich zurück, und ihnen war keine Pilgerfahrt beschieden.

Dhu'l-qa'da (30. Januar – 28. Februar)
Nachricht kam aus dem Maghreb, daß der Fürst von Tlemcen mit den Europäern gekämpft und etwa zwanzigtausend von ihnen getötet habe; er habe alles befreit, was sie in Andalusien und anderswo in Besitz genommen hatten. Über diese Nachricht freuten sich alle Leute.

Am Samstag, dem 16., erschien ein Gesandter von Ibn Osman, dem König von Byzanz, der hatte ein Schreiben für den Sultan bei sich. Als er das überreichte, küßte der Sultan es und legte es auf seine Augen. Dann reichte er es dem Geheimschreiber; der las es in Gegenwart des Sultans und der Emire vor. Die Worte dieses Schreibens waren gereimt in kunstvoller neuartiger Form, und der König pries den Sultan mit glorreichen Beschreibungen. Der Inhalt war, daß er dem Sultan eine Anzahl von Schiffen mit militärischen Ausrüstungsgegenständen geschickt hatte und nicht wußte, ob sie auch angekommen waren. Er erwähnte auch, daß Rais Kamâl, der Glaubenskämpfer, ertrunken sei und man keine Nachricht von ihm habe. Der Gesandte blieb wenige Tage in Kairo; es wurde eine Antwort auf sein Schreiben verfaßt, und dann erlaubte man ihm, in seine Heimat zurückzukehren.

In diesem Monat passierte etwas ganz Reizendes, Merkwürdiges. Der Sultan befahl nämlich, die Estrade im Hof abzutragen, auf der die Sultane zur Rechtsprechung saßen. Eine große Anzahl von Königen hatte darauf gesessen und von dort aus königliche Ordern durchführen lassen – sie war ein Ersatz für einen Thron. Die Leute waren betrübt darüber, daß sie verändert werden sollte, und sahen kein gutes Omen darin. Nun baute der Sultan anstelle dieser Estrade eine Steinbank aus behauenem Stein und schmückte sie mit Porphyr, grauweißem Marmor und mersinischen und anderen prächtigen farbigen Sorten von Marmor, und er bearbeitete ihre Kanten (?) und bekleidete sie mit Gold. Er setzte auch einen Fries aus weißem Marmor daran, der zwei weiße Marmorknäufe hatte. Diesen Fries bedeckte er mit Gold und ließ seinen Namen darin anbringen. Über die Bank stellte er einen Oberbau aus farbigem Marmor, vier Ellen lang. So wurde diese Bank überaus schön, und nichts Vergleichbares ist je hergestellt worden, und kein König vor ihm hat so etwas gemacht!

Ein Scharîf kam zum Sultan und informierte ihn, daß er eine Salpetermine in einem verlassenen Ort nahe al-Karak gefunden habe. Der ganze Boden sei aus Salpeter. So kochten sie es und fanden, daß es gutes Salpeter war. Darüber freute sich der Sultan und schenkte dem Mann, der ihm das gebracht hatte, zehn Dinar und schickte (Leute), noch mehr davon zu bringen. Eine Weile vorher war in einem Berg nahe Badraschain eine Ader von Porphyr und grauweißem Marmor aufgetaucht; der Sultan schickte dorthin und fand, daß es guter Marmor war. Da freute er sich.

Es passierte ferner, daß Urkmas, früherer Statthalter von Syrien, zum Sultan hinaufstieg mit einem Stück kugelförmigem Stahl, von dem er meinte, es sei ein Meteor, der auf einem Berg niedergegangen sei; ein Beduine hätte ihm den geschenkt. Der Sultan freute sich darüber und rief die Eisenschmelzer zusammen; die sagten: »Das ist ganz bestimmt ein

Meteor!« Dann blickte einer der Angestellten des Arsenals darauf und sagte. »Nein, das ist ein Markasitstein.« Und das ist ein harter Stein. Als der Sultan das hörte, ärgerte es ihn. Er ging zum Hippodrom, ließ die Eisenschmelzer kommen und brachte Emir Urkmas herbei, und dann legten sie diesen Stein, der aussah wie Stahl, ins Feuer. Und kaum daß sie ihn ins Feuer gelegt hatten, da wurde er wie dicke Blätter (?) und löste sich auf. Da schämte sich Emir Urkmas, und der Arsenalangestellte bekam recht gegen ihn – und das war Jûsuf, mein Bruder!

Am Samstag, dem 23., ging der Sultan hinab zum Hippodrom, und die europäischen Konsuln wurden ihm vorgeführt, darunter der in Alexandrien, der in Damaskus und der in Tripolis. Als sie vor ihm standen, beschimpfte er sie und drohte, sie aufzuhängen. Der Grund war, daß der Statthalter von Bira Spione von Ismail dem Sophi gefangen hatte, die Schreiben an die Konsuln bei sich führten, daß sie den europäischen Königen schreiben sollten, mit Schiffen vom Meer zu kommen, und er würde dann mit seinen Soldaten über Land marschieren, gegen den Sultan von Ägypten und gegen Ibn Osman, den König von Kleinasien. Sie wurden entdeckt, und ihr wahres Gesicht wurde enthüllt. Der Sultan ordnete an, sie dem Intendanten der Privatschatulle zu übergeben, damit der sie die Wahrheit gestehen lassen sollte, und falls sie nicht geständig wären, sollte er sie dem Präfekten übergeben. Damit ging die Sache zu Ende.

Dhu'l-hidjdja (1. März–30. März)
Am Tag des Opferfestes passierte etwas ganz Schreckliches: ein kleiner Junge ging in den Stall seines Vater, und ein Maultier trat ihn gegen das Herz, und er starb am gleichen Tage. Das war ein furchtbarer Kummer für seine Familie, daß sie ihren Sohn ausgerechnet am Festtag verloren!

Nachrichten kamen von Aleppo, daß der Sophi den Uzbek Khân, den König der Tataren, besiegt und getötet und ihm dann den Kopf abgeschnitten habe. Der Sultan war über diese Nachricht sehr bekümmert, und die Emire blieben fast bis zum Mittagsgebet bei ihm, um wegen dieser Nachricht zu beratschlagen; denn Uzbek Khân war der Gegner des Sophi, der sich damit beschäftigt hatte, ihn zu bekämpfen, statt sich gegen den Osmanensultan und den Sultan von Ägypten zu wenden. Als man nun erfuhr, daß Uzbek Khân getötet worden sei, fürchtete der Sultan, der Sophi könnte jetzt in sein Land einmarschieren.

Das Jahr 917 d. H.

(31. MÄRZ 1511–18. MÄRZ 1512 N. CHR.)

Safar (30. April–28. Mai)
[Der Sultan inspiziert die Arbeiten zur Erweiterung des
Kanals und durchquert Kairo.] Aber er durchquerte Kairo
mit einer kleinen leichten *takhfîfa* auf dem Kopf. Der Grund
war, daß an seinem Kopf ein Furunkel entstanden war und
er die große *takhfîfa* mit Hörnern nicht anziehen konnte.
Der Umzug ging zum Bâb Zuwaila hinaus, das für ihn geschmückt war, dann stieg er durch den Teppichmarkt hinauf, passierte das Haus des Zâhir Timurbugha, ging von dort
zur Ramla und trat dann ins Hippodrom ein. Seit er Sultan
geworden war, hatte er Kairo noch nicht durchquert. Was
etwas Neues war: als er Kairo an jenem Tage betrat, befahl
er den Henkersknechten, vor ihm zu verkünden, daß Frieden und Sicherheit herrsche und Kauf und Verkauf weitergehen sollten, und niemand solle einen anderen belästigen.
Das war äußerst leichtfertig von ihm, und er hätte das besser
sein lassen.

In den letzten Tagen dieses Monats wurde der Weizen
ganz knapp, und der Preis stieg auf ein *aschrafî* per *irdabb* [1
irdabb = 69,5 kg], nachdem man vorher zwei *irdabb* für ein
aschrafî bekommen hatte. Der Grund war, daß der Nil im
vorhergegangenen Jahr sehr niedrig war und der größere
Teil des Landes trocken gelegen hatte. Und dann passierte
das mit den Mäusen – die beherrschten die Scheunen, und
Weizen und Gerste wurden noch in der Ähre zerfressen.
Diese Mäuse waren eine von Gott gesandte Plage; niemand
konnte etwas dagegen tun und sie loswerden, weil es so viele
waren.

Am Dienstag, dem 14., kamen Nachrichten aus dem Westen, daß der Herr von Djerba die Europäer ganz klar besiegt habe; er habe ihnen viel Beute abgenommen und etwa siebentausend von ihnen getötet und eine große Menge gefangen genommen. Dann schickten sie dem Sultan eine große Bronzekanone und vielerlei Geschenke und zwei gefangene Europäer in ihrer Kriegsausrüstung, und der Sultan dankte dafür und freute sich über den Sieg, den sie errungen hatten.

[Am 18. erscheint ein Gesandter aus Iran. Der Sultan befiehlt den Emiren, ihn in Matariya zu begrüßen, und schickt viele Soldaten dorthin.] Aber an diesem Tage tat der Sultan etwas überaus Leichtsinniges: Er ging nach Matariya hinunter und stellte sich beim Mausoleum des 'Âdil Tuman Bay auf, um den Gesandten und die Soldaten von ferne zu sehen. Aber da erhob sich ein solcher Staub, daß er ihn und die Soldaten gar nicht sehen konnte. So kehrte er zur Zitadelle zurück – und da betrat er das Schlößchen, um den Gesandten in der Ramla zu sehen, während er in sein Quartier ging. Das war höchst unwürdig!

Am Montag, dem 20., hielt der Sultan die Festversammlung im Hof, ohne Gala, und saß auf der neuen Steinbank, die er gerade errichtet hatte, und über ihm der brokatene Baldachin. Er ordnete an, das Tor des Arsenals zu schmükken, und das wurde mit Sultansfahnen, Bändern und Waffen geschmückt, mit Schabracken, Rüstungen, Schwertern und so weiter. Als die Versammlung komplett war und alle Emire sich versammelt hatten, erlaubte er dem Gesandten Ismail Schahs des Sophis zur Zitadelle zu kommen. ... Mit ihm kamen der Protokollchef und der Präfekt von Kairo. Als er vor dem Sultan erschien, küßte er den Boden und auch den Fuß des Sultans. Dann wurde sein Schreiben vor dem Sultan verlesen. Darauf brachte der Gesandte dem Sultan einen Koran und einen Gebetsteppich, und der Sultan nahm das Koranexemplar und küßte es. Sodann brachte der Gesandte ein hübsches Kästchen, das vor dem Sultan geöffnet wurde. Darin fand er den Kopf eines der Tatarenkönige, Uzbek Khâns – das ist der, den der Sophi getötet und dessen Land er eingenommen hatte. Der Sultan befahl, diesen Kopf zu begraben. Ferner brachte der Gesandte einen breiten Bogen, etwa eine Spanne breit, und der Sultan beauftragte einen der Waffenmeister – es war der zweite Waffenmeister, Emir Jûsuf –, den Bogen in seiner Gegenwart zu spannen, und dabei zerbrach er ihn. Das war, nachdem der Gesandte hinuntergegangen war. Es war eine prächtige Versammlung, ganz spektakulär.

Zu den eleganten Pointen gehört folgendes: Man hörte unter den Leuten, daß, als der Gesandte dem Sultan das erste Mal gegenüberstand und den Kopf des Tatarenkönigs Uzbek und den Bogen bei sich hatte, als nun also das Schreiben des Sophi vor dem Sultan gelesen werden sollte, fand man, daß es in Persisch war, und jemand, der das lesen konnte, wurde gebracht; das war ein Scharîf namens Schaikh Husain, ein Perser. Dann lasen sie in diesem Schreiben diese beiden Verse:

> Wir sind Leute, deren Wesen es ist,
> 'Alî ibn Abî Tâlib zu lieben.
> Die Leute tadeln uns wegen dieser Liebe –
> Gott verfluche die Tadler!

Als der Sophi diese beiden Verse dem Sultan schickte, hatte er sie auch an Sultan Bâyezîd ibn Osman geschickt [der ein Gegengedicht verfaßte . . .]. Er bedrohte die Ägypter, nachdem er Uzbek Khân, den Tatarenkönig, getötet hatte, mit folgenden Versen:

Schwert und Dolch sind unsere Duftkräuter –
Laß gehen Narzissen und Myrte!
Unser Wein ist vom Blut unserer Feinde,
Und unser Becher ist der Schädel.

Als er nämlich dem Uzbek Khân, dem König der Tataren, den Kopf abgetrennt hatte, machte er seinen Schädel zu einem Becher, aus dem er bei seinen Sitzungen angeblich Wein trank. Und man hatte im Lande des Sophi gehört, daß sich der Sultan mit der Anlage des Hippodroms beschäftigte und dort Bäume und Setzlinge von verschiedenen Blumen und Duftkräutern pflanzte, und er wollte mit diesem Vers einen Witz machen, und es war eine Art Satire gegen den Sultan.

[Über zweihundert Leute verfaßten passende Antwortverse darauf, die dem Sophi zugeleitet werden sollten.]

Rabî' II (28. Juni–26. Juli)

Am Dienstag, dem 5., fand das letzte Polospiel im Hippodrom statt. Als es zu Ende war, ließ der Sultan zwei Stiere und Hammel kommen, die vor ihm miteinander kämpften. An diesem Tag gab es auch einen Wettkampf zwischen den Mamluken im Lanzenspiel. Der Gesandte des Sophi war anwesend.

Djumâdâ I (27. Juli–25. August)

Am Tage, als der Deich geöffnet wurde, passierte etwas Fürchterliches. Nâsirî Muhammad ibn Khâssbek begab sich zu einem Haus nahe der Sunqur-Brücke, um dort den Jahrmarktskämpfern zuzusehen. Als er in diesem Haus saß, drängten sich etwa zweihundert Leute auf dem Dach des Hauses, um auch zuzugucken. Da griff eine Gruppe Mamluken sie an und stieg aufs Dach – und (es stürzte ein und) alles fiel auf diejenigen, die drin waren. Sieben Mamluken wurden getötet, und eine Frau, die Hausbesitzerin, kam um, sowie ihre Dienerin und Familienmitglieder, die bei ihr waren. Dann fiel das Dach des Hauses auf Nâsirî Muhammad, und ein Balken lag fest über ihm und seinem Sohn, und so passierte ihm nichts, nur eine Quetschung in einigen Gliedern und ein Schreck. Es war ganz unglaublich, daß sie heil blieben, er und sein Sohn, und von seinen Begleitern starb einer, ein Mamlukennachkomme namens Ahmad Kunainô, der sein Faktotum war und seine Sachen besorgte, ein ordentlicher Mensch. Ibn Khâssbek wurde nach Hause getragen, und Ahmad Kunainô wurde am gleichen Tage beerdigt. Insgesamt kamen siebzehn Leute unter dem Schutt um, Männer und Frauen, und das war ein fürchterliches Ereignis, und keiner hätte sich das träumen lassen.

Djumâdâ II (26. August–23. September)
Eine komische Sache war, daß ein Fellache in einer Mühle war und sich unzüchtig an dem Müllerssohn verging. Der war sechs Jahre alt und konnte das nicht aushalten, erlitt an drei Stellen im Hintern Verletzungen und starb nach drei Tagen. Als der Täter dem Sultan vorgeführt wurde, ließ dieser ihn auspeitschen und befahl, ihn zu pfählen. Man brachte ihn ins Gerberviertel und pfählte ihn, und er hatte einen spektakulären Tag, und nicht einer bedauerte ihn.

Radjab (24. September–23. Oktober)
In diesem Monat wurde das Rindfleisch und auch das Hammelfleisch knapp, und Kairo geriet völlig durcheinander. Der Grund war, daß der Sultan den Schlächtern auferlegt hatte, Pflug-Stiere zu kaufen, und er forderte für jeden Stier 40 Dinar. Da rannten die Schlächter vor dieser Auflage davon; der Verkauf von Rind- und Hammelfleisch hörte auf, und die Stadt hatte tagelang nichts, bis sich die Sache

wieder ein wenig normalisierte. Die Soldaten hatten seit etwa vier Monaten kein Fleisch bekommen, weil die Aufsichtsmeister (im Gefängnis waren).

Ramadân (22. November–21. Dezember)
In diesem Monat legte der Sultan (die Zahlung von) etwa 70.000 Dinar auf die samaritanischen Juden um. Die beklagten sich darüber. Der Grund dafür, daß sie das Geld beibringen sollten, war, daß der Sultan, als er bei Meister Ja'qûb dem Juden Konfiskationen vornahm, ihm 100.000 Dinar auferlegt hatte. Der klagte darüber und gab vor, daß er das nicht (beibringen) könne. Da ordnete der Sultan an, daß die ganze jüdische Gemeinde, Samaritaner, Orthodoxe und Karaiten, dem Meister Ja'qûb bei dieser Konfiskation helfen sollte, und die Zahlung sollte auf die verschiedenen jüdischen Händler umgelegt werden. Sie hatten alle riesigen Schaden dadurch. Man sagt, es seien bei dieser Konfiskation sogar viel mehr als 100.000 Dinar gewesen.

Am Mittwoch, dem 19., entzog der Sultan dem Qadi Abû'l-Baqâ, dem Aufseher des Marstalls und Privatzahlmeister, seine Gunst. Er legte ihn in Eisen, ließ ihm die Kleider ausziehen und seinen Kopf entblößen – es war ein ganz kalter Tag! – und übergab ihn an diesem Tag dem Präfekten. Er ging zu Fuß, nackt, entblößten Hauptes, in Fesseln von der Zitadelle, und der Sultan schwor bei seinem Haupt, daß er ihn seine Kleider und seinen Turban nicht wieder anziehen lassen werde, bevor er nicht den Rest des Geldes bezahlt hätte, das ihm auferlegt war. Er befahl dem Präfekten, ihn auf einen Fußboden ohne Decke zu setzen. Das war das zweite Unglück, das dem Abû'l-Baqâ vom Sultan widerfuhr, und er wurde vom Sultan in dieser Angelegenheit schlecht behandelt, denn es war ihm sonst glänzend gegangen. Er hatte Zuckerrohrpressen in Damiette, aus denen er den Rest hätte begleichen können; aber der Sultan hatte seine Hand zunächst auf diese Pressen gelegt und verlangte erst dann das Geld, das er ihm auferlegt hatte. So hatte er gewaltigen Schaden zu leiden.

Am Samstag, dem 29., führte der Intendant der Privatschatulle dem Sultan die Ehrenkleider für das Fest des Fastenbrechens vor, aufgestapelt auf den Köpfen der Träger. Sie waren in diesem Jahr ganz außerordentlich häßlich, aus bunten Baumwollstoffen, die wie Spinnweben aussahen, und die meisten hatten keine Stickerei, und keiner von denen, die sonst welche bekamen, erhielt eins, ausgenommen die, die hohe Ämter hatten. Die Leute waren sehr enttäuscht, und diejenigen, die gewöhnlich ein Festkleid bekamen, mußten sich damit abfinden. Der Intendant der Privatschatulle war in diesem Jahr völlig ruiniert und ließ die Leute warten.

Schawwâl (22. Dezember–19. Januar)

An der Kuppel der Madrasa, die der Sultan bei seiner Moschee errichtet hatte, zeigte sich ein schrecklicher Riß, der zu ihrem Fall führen konnte. So befahl der Sultan, sie abzutragen, und sie wurde bis unten abgetragen; dann bauten sie sie neu auf und reparierten sie ganz prächtig. Wir sagten schon, daß auch das Minaret an der Moschee vorher abgerissen und wieder neu aufgebaut wurde.

Dhu'l-qa'da (20. Januar–18. Februar)

Am Montag, dem 14., kam der Sultan zum Nilometer hinunter. Er lud alle Tausender-Emire ein und saß mit ihnen in dem Schlößchen, das er auf der Plattform des Nilometers errichtet hatte. Er offerierte ihnen an diesem Tage ein opulentes Mahl, und die Emire stellten am Ufer des Stromes gegenüber von Gizeh große Zelte auf. Er bot ihnen vielerlei

Süßigkeiten und Früchte und andere Dinge an und blieb dort bis nahe dem Nachmittagsgebet. Dann bestieg er das Staatsboot und wandte sich nach Bulaq, und in dem Staatsboot wurde ein Baldachin aus gelbem Atlas für ihn aufgestellt. Es hieß, er habe an diesem Tag jeden der Emire eine Tunika anziehen lassen, mit Luchs oder Zobel gefüttert – und das war ein wahrhaft königlicher Tag!

Dhu'l-hidjdja (19. Februar–18. März)
Am Donnerstag, dem 20., erschien an der Hohen Pforte ein Gesandter von 'Alî Daulat mit einem prächtigen Geschenk für den Sultan, darunter Mamluken, Pferde, und zweihöckrige Kamele. Dabei war auch ein großes Zelt, mit Seide bestickt, bunt, mit blühenden Bäumen und Vögeln darauf. Und es gab auch einen Kiosk *(kharqâh)* aus goldlackiertem Holz mit Lapislazuli und seltsamen Farben; darauf waren die Gestalten von miteinander kämpfenden Tieren gemalt. Dieser Kiosk hatte einen Überzug aus geschorenem blauen Tuch und Zeltstricke und Bänder aus roter Seide. Er hatte auch eine Holztür (?), an der ein Riegel war. Innen war ein runder Teppich, so groß wie der Kiosk selbst, mit wundervoller Kunst bestickt, dessengleichen niemals vorher gemacht worden ist. Dieses Zelt gehörte zu den Kunstwerken von Uzun Hasan und kam zu Ismail dem Sophi, und der Sophi schickte es zu 'Alî Daulat, und der wiederum schickte es zum Sultan. Und dieser Kiosk und das Zelt waren wirklich höchst sonderbar. Der Sultan befahl, beide im Hof aufzuschlagen, damit man sie betrachten könne, und er hielt eine Versammlung an diesem Tage wegen der Gesandten – eine prächtige Versammlung, aber ohne Gala.

Das Jahr endete gut für die Leute, und es war ein gesegnetes Jahr – weder Pest noch Aufstände. Nur war die Kälte sehr heftig, und einige Tage wurde es so kalt, daß sogar die

Gewässer froren und zu Eis wurden und die meisten Bäume Schaden litten. Auch wurden die meisten Getreidesorten knapp, und der Preis des Weizens erreichte zwei *aschrafî* für den *irdabb*. Das gilt auch für die Gerste und Saubohnen, und alle Kornfrüchte waren gewaltig überhöht in ihren Preisen, und ebenso gab es Preissteigerungen bei allem Gemüse, ja, bei allen Waren: Zucker, Honig, Öl, Fett und Sesamöl, sogar Leinöl, Rosinen, Reis und selbst Klee und ähnliches.

Das Jahr 918 d. H.

Muharram (19. März–17. April)

Am Samstag, dem 9., kam Meister Kamâluddîn ibn Schams der Barbier zur Zitadelle. Wie wir erwähnten, hatte der Sultan ihm seine Gunst entzogen und ihm verboten, zur Zitadelle zu kommen. So versteckte er sich eine Weile, und niemand wußte etwas von ihm. An diesem Tage nun stieg er hinauf, und mit ihm waren die Derwische vom Grabe Sidi Ibrâhîm ad-Dasûqîs – Gott segne sein Angedenken!; die rezitierten ihre Litaneien und hatten Flaggen und Korane mit sich. Sie kamen in den Hof, als der Sultan gerade die Neu-Mamluken vorführen ließ und eine Gruppe zur Freilassung auswählte, wie üblich, und er war an diesem Tage in überaus düsterer Stimmung. Als die Derwische in diesem Aufzug eintraten, wurde er noch ärgerlicher, und als sie dann vor ihm standen und er Kamâluddîn sah, angetan mit einem Pilgergewand aus weißer Wolle, einem Schal und einem Zipfel, der vom Turban herabhing, da beschimpfte er die Derwische, die mit ihm waren, und schalt sie aus. Dann wandte er sich zu Kamâluddîn, schmähte und schalt ihn und verfluchte ihn ganz gräßlich und sagte zu ihm: »Ich, habe ich dir nicht gesagt ›Laß mich deine Visage nicht noch mal sehen‹? Und ich hab dich nicht malträtiert, ich hab dein Vermögen nicht konfisziert – und bist du nicht von mir weggegangen, dick und fett? Verschwunden biste und nun kommste als so ein Schaikh wieder – wann zeigste denn deine Beweise?«

Dann ordnete der Sultan an, ihn dem Präfekten zu übergeben, daß er ihn foltere. Darauf, am nächsten Tag, hieß es unter den Leuten, daß der Sultan den Kamâluddîn in die Maqschara geschickt habe. Aber keiner lobte Kamâluddîn wegen seiner Handlungsweise, denn es wäre viel passender gewesen, dem Sultan nicht gegenüberzutreten. Kamâluddîn war nämlich ein enger Vertrauter des Sultans gewesen: er pflegte ihn mittags zu massieren, wenn er sich schlafen legte. Dann aber entzog ihm der Sultan seine Gunst. Der Grund war, daß der Sultan eine Hodenentzündung hatte, und Kamâluddîn hatte ihn einige Male an seinen Geschlechtsteilen geschröpft. Da hörte der Sultan, daß Kamâluddîn anfing, den Emiren und anderen Leuten zu erzählen, der Sultan hätte einen Hodenbruch. Deswegen ärgerte er sich. Es heißt, daß Kamâluddîn die Emire und Beamten im Namen des Sultans erpreßt habe, und immer mehr Verleumdungen gegen ihn kamen von allen Seiten, und so fiel sein Stern vom Himmel.

Am Sonntag, dem 10., das ist der ʿAschura-Tag, stieg der Sultan zum Nilometer hinab und saß mit einer Gruppe von Emiren in dem Schlößchen, das er dort erbaut hatte. Er blieb dort fast bis zum Abendgebet und amüsierte sich aufs höchste. Er gab dort ein prächtiges Essen und ließ Sänger und Musikanten kommen. Dann war da ein Spaßmacher namens ʿAlî Bay, der beim *maḥmal*-Umzug den *ʿifrît* spielt; der stand auf und tanzte. Dann zog er den Präfekten herbei und ließ ihn tanzen und dann den Vizestallmeister; dann holte er Barakât ibn Mûsâ, den Marktprovost, und ließ ihn tanzen, und dann ʿAbdul ʿAzîz, den Geldwechsler, und der war fett, und der Sultan lachte über ihn. Vor ihm wurden allerlei Rosen, Blumen, Früchte und alle Sorten von Süßigkeiten ausgebreitet, und die Mamluken rissen das an sich. Der Sultan erholte sich an diesem Tag.

Am Dienstag, dem 26., erreichten den Sultan schlimme Nachrichten von der Nordprovinz. Die Beduinen waren

143

dort unruhig geworden, und zwischen ihnen wurde heftig gekämpft, und die Gegend war nahe daran, ganz ruiniert zu werden. Es heißt, sieben Gruppen Beduinen hätten geschworen, zusammen zu rebellieren. Als der Sultan die Richtigkeit dieser Nachricht feststellte, bestimmte er eine Anzahl Emire (dorthin zu gehen), aber die zeigten keine besondere Eile. Da wurde der Sultan wütend auf sie und sagte: »Dann gehe eben ich, ich selber, dorthin!« Und am gleichen Tag fing er an, das Gerät, die Pferde und Kamele und Wasserträger vorführen zu lassen und ordnete ein Feuerwerk an, weil er von dort nach Alexandrien gehen wollte. Er war fest entschlossen, das zu tun, und ließ viele Dinge in der Arena vorführen, bis nach dem Nachmittagsgebet. Aber man weiß nicht, was dann passierte.

In diesem Monat stieg ein Gesandter vom König der Europäer (Franzosen) hinauf mit einem prächtigen Geschenk für den Sultan – Kristallgefäße mit Gold eingelegt – und mit Trägern, die Tuch, Samt und Drachenbrokat mit Gold brachten und, wie man sagt, auch gemünztes Gold und andere prächtige Dinge, eines Königs würdig.

Safar (18. April–16. Mai)

Am Montag, dem 9., starb die Meisterin Khadîdja Umm Khaukha, die zu den vornehmsten Orchester-Sängerinnen gehörte, und sie war eine große Künstlerin. Ein paar Tage vorher war die Meisterin Badriyya bint Djurai'a gestorben, die auch zu den feinsten Sängerinnen gehörte und unter den Künstlern berühmt war.

Am Dienstag, dem 17., absentierte sich Qadi Scharafuddîn as-Sughayyir, der Mamlukensekretär. Als das passierte, versteckten sich alle seine Verwandten, ja sogar seine Sklaven und sein Gefolge. Der Sultan ordnete an, daß Qadi Barakât ibn Mûsâ in sein Haus eindringen und nach ihm forschen solle, und man suchte ihn sehr intensiv. Der Grund war, daß er noch monatliche Teilzahlungen von dem Geld für den Sold zu entrichten hatte, und das konnte er nicht; so absentierte und versteckte er sich.

Am Montag, dem 23., erschien an der Hohen Pforte der Gesandte des Königs der Franken von Venedig, und er hatte einen spektakulären Tag. Der Sultan hielt an diesem Tag eine Galaversammlung und ließ das Tor des Arsenals mit Gewändern und Waffen schmücken. Dann stieg der Gesandte hinauf mit einem großartigen Geschenk – etwa hundert Lastträger brachten Dinge wie Kristallgefäße, Tuch, Samt, Gewänder aus Samt mit Drachenmuster, Stoffstreifen, Atlasseide und andere großartige Dinge. Der Gesandte ritt auf einem Pferde, vor ihm sieben seiner vornehmsten Begleiter, auch zu Pferde, während die anderen zu Fuß gingen; das waren etwa fünfzig Mann, die mit dem Gesandten gekommen waren. Der Gesandte war ein alter Mann mit weißem Bart, füllig und würdig. Er trug ein Ehrenkleid mit Goldfäden auf gelbem Atlas. Sie stiegen zur Zitadelle hinauf und trafen den Sultan; dann gingen sie hinab zu dem Platz, der für sie bereitet war. Die Leute sagten, der Gesandte des Königs der Franken sei gekommen, um sich beim Sultan zu bemühen, daß die Auferstehungskirche im heiligen Jerusalem wieder geöffnet würde; denn der Sultan hatte deren Tore verschlossen und die Europäer gehindert, sie zu betreten.

Am Sonntag, dem 29., ordnete der Sultan an, die edlen Nachkommen des Propheten vorzuführen. Der Grund war, daß der Sultan ihnen etwas von ihren Einkünften aus den Stiftungsgeldern abziehen wollte, zum Beispiel vom Abessinier-Teich, Balqas u. a. Es war Scharîf ibn Musabbah, der Immobilienmakler, der sie angeschwärzt und sich verpflichtet hatte, dem Sultan aus diesen Quellen jedes Jahr 10.000

Dinar zu bringen. So befahl der Sultan, eine Sitzung wegen der Prophetennachkommen in Anwesenheit der vier Qadis einzuberufen, und sie fochten die Stammbäume einer ganzen Menge an – und das gehört zu den wirklich abscheulichen Ereignissen! Es gibt keine Macht und keine Stärke als bei Gott dem Hohen, dem Mächtigen.

Rabî' I (17. Mai–15. Juni)

Am Montag, dem 8., befahl der Sultan, die Kanonen, die er hatte gießen lassen, von der Gießerei nahe dem Hippodrom zum Mausoleum des 'Âdil zu bringen, damit er sie ausprobieren könne. Man setzte sie auf Räder und zog sie mit Ochsen, dann brachte man sie durch die Salîba, und es gab große Aufregung in den Märkten, denn sie blieben zwischen den Läden stecken, und man konnte sie nur mit großer Mühe loskriegen. Als sie beim Haus des Emirs Tani Bek Qara am Fâriqânî-Bad ankamen, gab der Abzugsgraben unter einer Kanone nach, und die ganze große Kanone fiel in den Abzugsgraben, und die Leute waren nicht imstande, sie herauszuholen. So blieb sie fast bis zum Abendgebet dort, wo sie war. – Es hieß, der Sultan hätte etwa siebzig Kanonen gießen lassen, große und kleine, die kleinen aus Bronze und die großen aus Eisen, und vier große waren darunter. Jede einzelne wog, wie es heißt, 600 *qantar schâmî* [1 *qantar schâmî* = ca. 185 kg], und jede war etwa zehn Ellen lang. Deswegen hatten die Leute an diesem Tage enorme Mühe. Die Kanonen wurden von Mughalbay asch-Scharîfî, dem Waffenmeister, begleitet, und der erlebte Schlimmes an übermäßiger Ermüdung und Anstrengung!

Am Montag, dem 24., verhaftete der Sultan Meister Hasan den Schenken, setzte ihn fest, versiegelte seine Häuser und Vorräte und legte ihm 20.000 Dinar (Abgaben) auf. Er brachte etwa 8.000 Dinar davon bei, und den Rest sollte er in Raten von 1.000 Dinar monatlich für den Sold zahlen. Das wurde ihm schriftlich gegeben, und er sollte in Arrest bleiben, bis er die Summe beigebracht hatte. Der Grund für diese Konfiskationen war, daß ein Diener in der Getränkekammer den Meister Hasan beim Sultan angeschwärzt und gesagt hatte: »Als Sultan Nâsir Muhammad, der Sohn Qaitbays, getötet wurde, da brachte er einen Schreiner und ließ eine Anzahl Schlüssel für die Vorratskammern auf der Zitadelle machen und nahm daraus, was er konnte, darunter auch eine smaragdene Schale, und er lud alles, was er genommen hatte, auf ein Maultier, das den Eseltreibern gehörte.« Der Sultan untersuchte lange, ob diese Geschichte wahr sei, und holte den Schreiner, der die Schlüssel gemacht hatte, und der gab das zu. Er holte auch den Eseltreiber, der die Sachen von der Zitadelle gebracht hatte, und der gab es auch zu. Aber er sagte: »Ich weiß nicht, was in den Kästen war, die ich aufgeladen hatte.« Da ergriff der Sultan den Meister Hasan . . . Eine Weile danach tat er das gleiche mit Meister Hâdjdji 'Alî, dem der Pferdestall unterstand, und legte ihm ungefähr genausoviel Geld auf und arretierte ihn, bis er alles bezahlt hatte. Es heißt, er habe die eingelegten Sättel und die Schabracken gebracht, die ihm anvertraut waren, und da fehlten viele Dinge.

Rabî' II (16. Juni–14. Juli)

Am Montag, dem 14., stieg der Gesandte des Sophi zur Zitadelle und traf den Sultan. Der hielt Audienz im Hof ohne Gala. Er saß auf der Steinbank, die er errichtet hatte, und ließ den goldbrokatenen Baldachin aufstellen, und die Tausender-Emire und Soldaten waren dabei. Er befahl auch, das Tor des Arsenals zu schmücken, und es wurde mit Waffen, Fahnen und Gewändern geschmückt. Der Gesandte kam aus dem Haus Qani Bay Suluqs mit dem Protokollchef und dem Präfekten und brachte ein Geschenk zum Sultan. Das waren etwa vierzig Träger, die hatten sieben Geparden mit sich – es heißt, es seien ursprünglich neun gewesen, aber zwei seien gestorben –, und als sie die zur Zitadelle brachten, legten sie ihnen seidene Decken über. Zu dem Geschenk gehörte auch ein Zug Pferde, und da waren Träger mit Silbersachen, wie Silberkrügen, und Bechern und Gefäßen aus Gold und auch Träger mit Panzern und Spezialhelmen und bunten Samtgewändern und eingelegten Schabracken und andere Träger mit runden Bogen und andere mit Stücken von gestreifter Bursaer Seide und wieder andere mit Ba'lbekki-Baumwollstoffen und vielerlei Dingen mehr wie anatolischen Gebetsmatten und Läufern(?). Als der Gesandte hinaufkam – oder vielmehr zwei, von denen es heißt, sie seien die vornehmsten Emire des Sophis –, küßten sie den Boden vor dem Sultan und dann das Knie des Sultans und überreichten ihm das Schreiben Schah Ismails des Sophis. Als das in Gegenwart der Emire vor dem Sultan verlesen wurde, fand man harte Worte und grobe Rede darin, und dem Sultan gefiel das nicht, und sein Gesicht zeigte verhaltenen Zorn. Dann ging der Gesandte zu dem Platz, der für ihn bereitet war. Kurz danach kam der Gesandte des Königs von Georgien mit einem prächtigen Geschenk für den Sultan, wie Zobel, Luchs, Feh und Wolle und anderen prächtigen Dingen.

Es ist merkwürdig, daß in diesem Monat etwa vierzehn Gesandte von verschiedenen Königen kamen: Da waren der Gesandte von Schah Ismail dem Sophi, der vom König von Georgien, der von Ramadanoghlu, dem Turkmenen-Emir, und ein Gesandter von Ibn Osman, dem König von Byzanz, und der Gesandte von Jûsuf ibn Khalil, dem Turkmenen-Emir, und einer vom Herrn von Tunis, dem König des Westens, und einer aus Mekka und der Gesandte König

Mahmûds (von Gudjarat) und einer von Ibn Dughul, dem Turkmenen-Emir, und einer vom Statthalter von Aleppo und einer von Husain, der nach Indien gegangen war, und einer vom Franzosenkönig und einer aus Venedig und einer von ʿAlî Daulat und dann noch Gesandte von einigen Statthaltern.

Djumâdâ I (15. Juli–13. August)
[Nachrichten vom Tode des Osmanensultans Bâyezîd und der Thronbesteigung Selims erreichen Kairo.]

Als der Sultan fand, daß dies stimmte, weinte er um Bâyezîd und zeigte Trauer und Bedauern. Dann sprach er das Totengebet in absentia für ihn. Als sich die Nachricht von seinem Tode verbreitete, beteten die Leute das Totengebet für ihn nach dem Freitagsgebet in der al-Azhar- und der Hâkim-Moschee und der Ibn-Tulun-Moschee und in der Moschee des Sultans in Scharâbîschiyîn und anderswo. Die Leute trauerten um ihn, weil er die Europäer in Schach gehalten hatte und niemals des heiligen Krieges gegen sie müde geworden war, nicht am Tage und nicht in der Nacht, und er war nützlich für die Muslime.

In diesem Monat passierte etwas Sonderbares. Unter den Leuten ging das Gerücht um, Rhodos sei von den Muslimen erobert worden, durch List, ohne Kampf und Krieg. Der Gerüchte wurden immer mehr, und der Sultan wollte schon die Pauken schlagen und Kairo schmücken lassen. Der Grund war, daß jemand aus Syrien zu einem Mamluken des Emirs Khairbek, des Inspekteurs der Westprovinz, gekommen war. Dieser Mamluk war Aufseher über ein Dorf namens Zufta. Zu dem kam der Syrer, übergab ihm eine Anzahl Mitteilungen und sagte: »Das ist von Emir Muhammad Bek, dem Verwandten des Sultans, der angeblich tot ist; aber er ist noch am Leben und hat die Leute von Rhodos überlistet, so daß er ihnen die Insel abgenommen hat, und er hat auch die Einwohner der Stadt mit List gefangengenommen.« Emir Muhammad Bek sei schon bis Tina gekommen und bäte um ein Pferd und eine Uniform. Der Mamluk nahm den Brief von ihm und ging zum Sultan. Als der diesen Brief las, dachte er, das sei die Wahrheit. So gab er dem Mamluken ein Ehrenkleid und verteilte die Nachrichten an die Emire und dachte schon daran, die Pauken um dieser Nachricht willen schlagen zu lassen. Er schickte mit diesem Mamluken ein Pferd und eine Tasche mit einer Uniform. Dasselbe tat auch Emir Tarabay, der Verwalter der Zitadelle, und Anasbay, der Oberkämmerer. Der Mamluk nahm die Uniformen und das Pferd und ging davon. Dann zeigte sich, daß das eine ausgemachte Lüge war. Da bestimmte der Sultan Jahja ibn Nukar, den Dawâdâr des Präfekten, hinter diesem Mamluken herzujagen und ihn zurückzubringen und auch den Syrer, der ihm diesen Brief gegeben hatte. Jahja ibn Nukar war für einige Tage verschwunden; dann brachte er den Mamluken, die Pferde und die Uniformen, die dieser genommen hatte, und brachte auch den Syrer. Als dieser vor dem Sultan stand, schrie der ihn an, und er gestand, daß er die Briefe selbst fabriziert hätte und daß heftige Armut ihn dazu gezwungen hätte. Da sagte der Sultan: »Du hättest dich an mich gewandt und etwas von mir verlangt – ich hätte es dir gegeben!« Dann riß er ihm die Kleider ab, um ihn in seiner Gegenwart prügeln zu lassen, und fand Prügelspuren an seinen Seiten. Er fragte ihn danach, und der Syrer bekannte, daß er schon einmal bei Khair Bek, dem Statthalter von Aleppo, gelogen hätte, und der hätte ihn ausgepeitscht und ihm die Nase abgeschnitten. Da ließ ihn der Sultan in seiner Gegenwart prügeln und schickte ihn sofort in die Maqschara, und er nahm die Pferde und Uniformen dem Mamluken weg, der die Briefe gebracht hatte. Finis.

Djumâdâ II (14. August–11. September)

In diesem Monat entzog der Sultan dem Marktprovost Barakât ibn Mûsâ seine Gunst. Der Grund war, daß zwischen ihm und dem Wezir Jûsuf al-Badrî in Gegenwart des Sultans ein Streit ausgebrochen war, und Barakât ibn Mûsâ ging in seiner Rede gegen Badrî über jedes Maß hinaus und beleidigte ihn. Da ärgerte sich der Sultan über Zainî Barakât und befahl, ihn zu ergreifen, und setzte Almas den Hofkurier und noch einen anderen Hofkurier über ihn. Die brachten ihn zur Hof-Kaserne, und der Sultan befahl ihm, die Rechnung für vier Jahre von allen Abteilungen, über die er referierte, abzulegen. Er blieb acht Tage unter Arrest, und jeden Tag zahlte er dem Almas und seinem Gefährten 100 Dinar. Keiner der Emire wagte es, beim Sultan für ihn einzutreten. Am Samstag, dem 9. des Monats, ließ der Sultan dann den Zainî Barakât frei und verlieh ihm eine Woll*kâmiliyya* mit Zobel, und er zog in prächtigem Aufzug von der Zitadelle hinab, umgeben von einer Gruppe hoher Beamter. Kairo wurde für ihn geschmückt, Kerzen und Lampen wurden an den Läden aufgehängt, und die Leute parfümierten sich mit Safran. Ja, die Häuser am Ratlî-Teich wurden mit gelben Seidenstreifen und bunten Seidengewändern geschmückt, die über die Balkons gehängt wurden, und die Frauen trillerten vor Freude. Trommeln und Pfeifen und Sängerinnen kamen ihm entgegen, denn während der Tage des Nilhochwassers wohnte er am Ratlî-Teich. Zainî Barakât war bei den Leuten beliebt, als er das Amt des Marktprovosts verwaltete, und als der Sultan ihn verhaftete, bedauerten die Leute ihn, denn seine Feinde hatten ihn geschmäht und gesagt, der Sultan würde ihn genau so aufhängen wie den 'Alî ibn Abî'l-Djûd. Doch Gott der Erhabene bewahrte ihn davor.

Zu den abscheulichen Ereignissen gehört, daß der Präfekt

einen Türken namens Demirdasch ergriff, der den »Melonenhof« am Bâb an-Nasr überwachte. Man hatte ihn denunziert, daß er Gräber ausraube und die Köpfe und das Fleisch
der Toten nähme und an die Europäer verkaufe, die davon
Mumia machten oder auch Gift. Als sie ihn festnahmen,
fanden sie viele Gebeine bei ihm, Schädel und Gliedmaßen.
Sie luden das in Körbe auf Esel und brachten es zum Sultan,
damit er die Knochen mit eigenen Augen sähe. Als nun
Demirdasch vor dem Sultan stand, fragte der ihn nach diesen Schädeln, und er sagte: »Das ist aus den Sarkophagen;
die Beduinen bringen mir die. Ich mache Mumia daraus und
verkaufe das an die Europäer.« Aber dann fanden sie fri-
sches Fleisch an den Knochen, und die Leute bestätigten,
daß er täglich zur Wüste ginge, die frischen Gräber ausplün-
dere, ihr Fleisch und ihre Knochen nähme und das an die
Europäer verkaufe. Als der Sultan sich der Richtigkeit (des
Berichtes) vergewissert hatte, befahl er, ihn aufzuhängen,
und sie banden ihn auf ein Kamel und zeigten ihn in Kairo,
bis sie zu seinem Hause nahe am Melonenhof kamen. Da
wurde er gehängt, und er hatte einen spektakulären Tag.

Radjab (12. September–11. Oktober)
Am ersten Tag, einem Samstag, stiegen der Kalif und die
vier Qadis zur Gratulation hinauf, und der schafiitische
Qadi erfuhr Haß vom Sultan. Der Grund war, daß der
Neumond diese Nacht nicht gesehen worden war, aber es
heißt, ein paar Leute hätten ihn doch gesehen. Der Mond
war in dieser Nacht zweieinhalb Grad über dem Horizont,
und es war sehr schwierig, ihn zu sehen. Die Kalenderma-
cher meinten, man könne ihn in dieser Nacht nicht sehen,
aber ein Qadi in der Salîba behauptete, er habe ihn gesehen.
Als nun die Qadis hinaufkamen, sagte der Sultan zum schafiitischen Qadi: »Bring mir den Qadi, der behauptet, den

Mond bei zweieinhalb Grad gesehen zu haben, wo das doch gar nicht geht!« So ging der schafiitische Qadi Kamâluddîn at-Tawîl in äußerster Erniedrigung hinab, und das Gerücht verbreitete sich, er werde abgesetzt.

Scha'bân (12. Oktober–9. November)

In diesem Monat passierte die Geschichte zwischen Khawâga Schamsuddîn al-Hulaibî und dem Sultan. Der Grund war, daß der Sultan sein Vermögen mehrmals konfisziert und von ihm eine Menge Geld genommen hatte. Da schickte der Hulaibî einen eigenhändigen Brief nach Mekka an einen seiner Bekannten, in dem er erwähnte, was der Sultan mit ihm gemacht hatte, und er sei überhaupt kein Muslim und hätte keinerlei Erbarmen in seinem Herzen und nur wenig Religion. Aber ein Feind des Hulaibî bekam den Brief in die Hand und ließ ihn zum Sultan gelangen. Als der ihn gelesen hatte, ließ er Hulaibî heraufkommen und informierte ihn, daß er den Brief kenne. Aber Hulaibî leugnete und sagte: »Das ist nicht meine Schrift!« Doch eine Menge Leute bezeugten gegen ihn, daß es seine Schrift sei. Da ließ ihn der Sultan verhaften, schlug ihn in Eisen und wollte feststellen lassen, daß er ein Ungläubiger sei, weil er ihn als jemanden »mit wenig Religion« dargestellt und geschrieben hatte, daß er kein Muslim sei. Dann endete die Sache damit, daß der Sultan ihm eine erkleckliche Summe Geldes auferlegte.

Ramadân (10. November–9. Dezember)

Zu Beginn des Monats wurde das Brennholz knapp, und die Leute fingen an, Dung und Mist und Gestrüpp aus den Gärten zu verbrennen, und in den Küchen der Emire ging nichts mehr – und das ausgerechnet im Ramadân! Es dauerte bis Ende des Monats.

Am Donnerstag, dem 2., erschien an der Hohen Pforte

ein Gesandter des Königs von Indien mit zwei gewaltigen Elefanten, die trugen rotsamtene Schabracken mit eingelegten (?) Nieten und hatten Flaggen auf dem Rücken und Stahlhüllen über ihren Stoßzähnen. Kairo tobte (vor Begeisterung), als sie hereinkamen, während der Sultan im Hippodrom saß und sie ihm vorgeführt wurden, Trommeln und Pfeifen vor ihnen. Dann rannten die beiden Elefanten vor dem Sultan im Hippodrom um die Wette, und er freute sich an diesem Tage ganz riesig. Dann befahl er, sie zum Hause des Atabeg Timraz zu bringen, und da blieben sie.

An der Hohen Pforte erschien der Gesandte Hâmid al-Maghribî, den der Sultan ins Land der Osmanen geschickt hatte, um dort Holz, Taue und bronzene Kanonen zu kaufen. Als Ibn Osman von seiner Ankunft gehört hatte, hatte er ihn geehrt und ihm einige Bronze-Kanonen für den Sultan sowie Eisen, Holz und Taue und vieles andere in Frachtschiffen gesandt.

Am Freitag, dem 10., erschien 'Alî al-Djarkasî als Bote von Khair Bek, dem Statthalter von Aleppo. Der Sultan hatte ihm den Rang eines Zehner-Emirs in Aleppo verliehen ... Es heißt über die Herkunft dieses 'Alî, sein Vater sei Bäcker gewesen. 'Alî war hübsch von Gestalt, und Khair Bek nahm ihn als Pantoffelhalter zu sich und zog ihn von klein an auf, und er stieg immer höher, bis er Vize-Kämmerer in Aleppo wurde – denn dem Sklaven hilft sein Glück, nicht sein Vater oder Großvater.

In diesem Monat passierte der ersten Sängerin etwas. Das war eine Frau namens Liebliche Hîfa. Einer ihrer Gegner hatte sie denunziert, sie habe ein großes Vermögen und kostbare Kleider zum Verleih. Als der Sultan das hörte, verhaftete er sie, und sie blieb in Arrest und wurde mehrmals geschlagen, und er legte ihr 5.000 Dinar auf. So verkaufte sie ihren Schmuck und alles, was sie hatte, und brachte 1.000 Dinar. Der Marktprovost Barakât ibn Mûsâ sprach zu ihren Gunsten und sagte, sie besitze wirklich nicht mehr, und so wurden ihr dann noch 500 Dinar auferlegt, die sie in monatlichen Raten von 100 Dinar für den Sold zahlen sollte. Der Sultan benahm sich wirklich kindisch, daß er sogar Sängerinnen mit Abgaben belegte!

Etwas höchst Sonderbares passierte. Ein Christ namens 'Abdus Salîb aus der Gegend von Dalga irgendwo in der Südprovinz – von dem wurde gesagt, daß er den Propheten – Gott segne ihn und gebe ihm Heil! – mit abscheulichen Worten verunglimpft habe. Eine Menge Leute bezeugten das und schrieben ein Protokoll darüber an den Distriktqadi. Als dieser Christ vor den Sultan gebracht wurde, gab er zu, was er gegen den Propheten gesagt hatte. Da forderten sie ihn auf, den Islam anzunehmen, doch er weigerte sich. Der Sultan schickte ihn ins Haus von Tuman Bay dem Dawâdâr, und eine Versammlung wurde seinetwegen einberufen. Er bekannte auch vor den Qadis, was er gesagt hatte, und beharrte darauf, und er hatte sich verschworen, seinen Glauben nicht zu ändern. So urteilten die Richter, sein Blut sei zu vergießen. Einem der malikitischen Hilfsrichter wurde das anvertraut. So ließen sie ihn angenagelt auf einem Kamel reiten und führten ihn in Kairo herum, bis sie mit ihm zur Sâlihiyya-Madrasa kamen. Dort, unter dem Erker, schlugen sie ihm den Kopf ab. Dann brachte der Mob Feuer und Holz und verbrannte seinen Leichnam mitten auf dem Markt, und als die Nacht kam, fraßen die Hunde seine Knochen, und vorbei war es mit ihm.

Emir Husain kam (von Indien) und mit ihm ein Gesandter des Königs Muzaffar Schah, dem Sohn von König Mahmûd (Bêgrâ), dem Herrn von Cambay, der entschlafen war – Gott erbarme sich seiner! Der Gesandte Muzaffar Schahs kam, um vom Kalifen eine Ernennungsurkunde für seine

Herrschaft über Cambay zu erbitten, und der Sultan verlieh Ehrenkleider an Emir Husain und den Gesandten des Königs von Indien, und sie stiegen in prächtigem Zuge hinab.

Dhu'l-qa'da (8. Januar–6. Februar)

In diesen Tagen warf eine Hündin in der Ezbekiyya elf Welpen in einem einzigen Wurf – und das ist etwas sehr Seltenes!

[Am 14. geht der Sultan ins Fayyum.]

Es kamen Nachrichten, daß der Sultan vom Fayyum zurückkehren wolle, und der Beherrscher der Gläubigen, al-Mutawakkil ʿalâ Allâh, ging hinaus, um ihn zu treffen. Er traf mit ihm bei Dahschûr zusammen; das ist das Dorf des Kalifen, und der Sultan ging ihm entgegen, hieß ihn willkommen und ehrte und verherrlichte ihn und zog ihm eine Tunika aus pistazienfarbener Wolle mit Zobel von seinen eigenen Gewändern an – es heißt, der Zobel allein sei 300 Dinar wert gewesen! Als der Sultan sich ins Fayyum begeben hatte und an Dahschûr, dem Dorf des Kalifen, vorbeigekommen war, hatte der Kalif ihm Reitkamele, Schafe und Kühe und andere Tiere, wie Hühner und Gänse, geschickt sowie allerlei Speisen, wie Töpfe mit Bienenhonig und Krüge mit Milch und vieles andere, und nun dankte er ihm dafür.

Dhu'l-hidjdja (7. Februar–8. März)

[Am 1. des Monats kehrt der Sultan zurück.]

Und es geschahen auf dieser Reise sonderbare Dinge, derengleichen dem Sultan Qaitbay nicht passiert waren, als er ins Fayyum gereist war. Ich hörte von jemand, dem ich vertraue, daß der Sultan bei dieser Reise ein ganz tolles Gepränge zeigte und alle möglichen Arten von majestätischem Prunk vorführte. So gab er den Emiren den ganzen Weg lang prächtige Mahlzeiten und kostbare Delikatessen, jeden Tag viermal – Halwa und Obst, gerösteten Käse und Rosenwasser und andere prächtige Speisen, und er hinderte niemanden, davon zu essen, seien es Sklaven oder sonst jemand. Von den Wasserträgern ließ er gezuckerte Getränke in Schläuchen bringen und ließ die Emire das Zuckerwasser aus Tassen trinken. Und sie erzählen noch mehr sonderbare Sachen dieser Art. Er arrangierte auch das Futter für die Pferde der Soldaten den ganzen Weg lang. Das war eine Vergnügungsreise! Aber unter den Leuten ging das Gerücht um, der Sultan habe sich dorthin begeben wegen einer bestimmten Sache (d. h. eines Schatzes), die dort gefunden worden war. Aber es ist richtiger zu sagen, daß er dorthin ging, um den Damm zu inspizieren, nämlich den Lâhûn-Damm und noch einen anderen Damm; denn der war gebrochen, so daß das Fayyum dadurch austrocknete. Als der Sultan dorthin kam, fing er an, in den verschiedenen Gegenden zu jagen, und eine Menge von Geschenken von Beduinenschaikhs und anderen liefen bei ihm ein. Ich hörte von jemandem, dem ich vertraue, daß der Sultan an die Emire, die mit ihm waren, etwas von diesen Geschenken verteilte, die er erhalten hatte. So gab er dem Atabeg Sudun al-'Adjamî 300 Dinar, zwei Pferde, fünfzig Schafe und fünf Kühe und dem Urkmas, dem *amîr madjlis,* 200 Dinar, ein Pferd, vierzig Schafe und vier Kühe ... Er gab auch den Sängern, die mit ihm waren, jedem zwanzig Dinar und eine Wolljacke (?) mit Feh. Das hat man erzählt, aber ich garantiere nicht, daß es auch stimmt ...

Am Montag, dem 28., wurde es ganz finster; ein Sturm kam auf, und es wurde sehr kalt. Die Sonne verfinsterte sich an diesem Tage ganz entsetzlich – das war 14 Grad (etwa eine Stunde) vor dem Nachmittagsgebet, und die Sonnenfinsternis dauerte etwa eine Stunde. Und am Dienstag, dem 29., hagelte es Körner wie Kieselsteine in der Wüste.

Das Jahr 919 d. H.

(9. MÄRZ 1513–25. FEBRUAR 1514 N. CHR.)

Muharram (9. März–7. April)
Am Dienstag, dem 7., passierte die Geschichte mit Qorqmas al-Muqrî: er wurde verdächtigt, eine Frau und einen Mamluken getötet zu haben. Der Grund für (dieses Gerücht) war, daß er am Park des Hospitals in der Kuhl-Gasse wohnte, und seine schwarzen Sklaven und Diener gingen zu dieser Frau und dem Mamluken mit Schwertern in der Hand und taten, als ob sie Gangster wären. Sie schlugen die Frau und den Mamluken, ihren Ehemann, und schnitten ihrer Tochter die Ohren ab, um die Ohrringe davon zu nehmen. Das Mädchen starb in der gleichen Nacht. Als der Tag kam, fand man an der Frau und dem Mamluken viele Wunden; man sagt, es seien sechzehn Messerstiche gewesen. So legten sie die beiden in Körben auf Lastträger und führten sie dem Sultan vor. Der Mamluk und die Frau sagten zu ihm: »Niemand ist schuld als Qorqmas al-Muqrî und seine Diener!« Der Mamluk wohnte nämlich in der Nähe von Qorqmas' Haus in der Kuhl-Gasse. Als der Sultan fand, daß dies stimmte, schlug er Qorqmas in Eisen und übergab ihn dem Präfekten, und auch seine Diener, und befahl ihm, die Diener und schwarzen Sklaven so lange zu foltern, bis sie gestanden, wer das getan hatte. ... Aber danach ließ der Sultan von der Sache ab und sorgte weder für den verwundeten Mamluken noch für die Frau, deren Tochter gestorben war, als sie ihr die Ohren abgeschnitten hatten, und die Sache blieb ungesühnt.

Am Montag, dem 20., gab es ein leichtes Erdbeben. Es wiederholte sich dreimal, daß die Leute spürten, wie die

Erde bebte. All das deutete darauf hin, daß die Pest zunehmen würde. Als die Osterzeit kam, wurde die Pest stärker
und riß gewaltige Lücken in die Bevölkerung. Da riet ein
weiser Arzt dem Sultan, Rubinringe an den Fingern zu
tragen, weil das hilft, die Pest abzuwehren. So ließ er zwei
kostbare Rubine aus der Schatzkammer bringen und als
Ringsteine in Gold fassen und trug sie dauernd. Ja sogar,
wenn er Audienz hielt, trug er diese Ringe, was man sehr
merkwürdig fand – besonders bei einem türkischen Sultan.

Safar (8. April–6. Mai)

Im Safar wurde die Pest schlimmer, und die Leute waren in
großer Furcht. Der Oberqadi 'Abdul Barr ibn Schihna
schickte seine Kinder in die Sinai-Gegend, um der Pest zu
entkommen. Er hatte nämlich die Gewohnheit, seine kleinen Kinder in den Tagen der Epidemie dorthin zu schicken,
so waren sie vor der Pest sicher, und nach Ablauf der Epidemie kamen sie heil zurück, und er hatte nie ein Kind oder ein
Familienmitglied verloren. Denn man sagt, die Pest käme
nicht in diese Gegend. Der Qadi 'Abdul Barr legte auch dem
Sultan nahe, seinen Sohn dorthin zu schicken, aber er wollte
das nicht. [Aber eine ganze Reihe von Emiren folgt dem
Beispiel des Oberqadis.]

Die Pest griff immer mehr um sich und wütete unter den
Mamluken, den schwarzen Sklaven, den Sklavinnen und
unter den Kindern und Armen. Einen Tag nahm sie zu, am
folgenden wieder ab. Das tägliche Bulletin mit der Anzahl
der Verstorbenen kam auf dreihundert, ja fünfhundert Leute pro Tag, die im Bulletin aufgeführt wurden. Aber bei den
großen Epidemien ist es so, daß auf einen, der im Bulletin
steht, zehn kommen, die darin nicht aufgeführt werden. –
Als die Pest schlimmer wurde, wurden Brunnen für die
Totenwaschung geöffnet, wie es bei den vorhergehenden

Epidemien war. Der Sultan erfand auch neue Ungerechtigkeiten während dieser Epidemie: Er befahl nämlich dem
Arsenaldirektor Mughalbay, aus dem Nachlaß eines jeden
Mamluken, der Sold erhalten hatte, (etwas zu nehmen) und
seinen Erben so lange festzunehmen, bis er ein silbertau-
schiertes Schwert, eine Rüstung, einen Helm und einen
Köcher beigebracht hatte. So arretierte der Arsenaldirektor
auch die Frau jedes verstorbenen Mamluken so lange, bis er
diese Sachen von ihr erhalten hatte. Dann befahl (der Sultan) dem Groß-Marschall, von den Mamluken, die Sold und
Futtergeld erhalten hatten, zwei Pferde oder ihren Gegen-
wert zu nehmen und von jedem Nobelgardisten drei Pferde
und ein Maultier und von den Erben der verstorbenen
Amtsträger je fünf Pferde und ein Maultier, und die Erben
oder die Ehefrau des Verstorbenen sollten festgehalten werden, bis er alles erhalten hatte. Aber was noch schlimmer
war: er befahl Almas dem Hofkurier, von all seinen verstorbenen Djulbân-Mamluken je 50 Dinar zu nehmen; das war
die Sonderlöhnung, die er ihnen ausgezahlt hatte, und von
denen, die zur Kleiderkammer gehörten, sollte er 20 Dinar
nehmen. So feuerte er auf die Nachlassenschaft der Mamluken, und diese weigerten sich, ein Testament zu machen. So
blieb es ein paar Tage; dann nahm er etwas davon zurück.

Am Montag, dem 26., ließ der Sultan verkünden, daß
Wein, Haschisch und Bier nicht mehr verkauft werden dürften und daß die Prostituierten keine sündhaften Dinge mehr
tun dürften. Er ließ das drei Tage hintereinander verkünden; denn die Pest war immer noch im Zunehmen. Und
jeder, dem eine heiratsfähige Tochter starb, der legte auf
ihre Bahre eine geschmückte Mütze mit gesticktem Schleier, und sie legten ihr Schmuck-Vögelchen (?) zu Füßen der
Bahre, und das ist sehr sonderbar.

Am Montag, dem 17., schloß sich der Sultan in der Duhaischa ein und ging nicht zu den Leuten hinaus, denn die
Geschwulst, die er am Auge hatte, wurde schlimmer. Er war
auch nicht bei der Soldzahlung dabei. Unter den Leuten
hieß es, seine Lider seien über dem Auge erschlafft [d. h. er
hatte eine Ptosis]. Die Gerüchte wurden stärker, als der
Sultan am Freitag nicht zum Freitagsgebet kam. Als das
Gebet vorüber war, kamen der schafiitische Oberqadi und
die Tausender-Emire zu ihm, um ihn zu grüßen. Er gab
ihnen einen Zuckertrank, und dann gingen sie wieder fort.

Am Ende dieses Monats ordnete der Sultan an, das Fest
Sidi Ahmad al-Badawîs – Gott sei zufrieden mit ihm! – nicht
zu feiern; denn die Beduinen im Lande waren im Aufstand
und die Pest wütete in Kairo, und alles war durcheinander,
besonders wo der Sultan diese Augenkrankheit hatte und
Gerüchte über eine große Meuterei umliefen.

Rabî' II (6. Juni–4. Juli)

Die Geschwulst an den Lidern des Sultans verschlimmerte
sich. So rief er die Ärzte und Augenärzte zusammen, und sie
berieten sich wegen dieser Erschlaffung. Ärzte und Augenärzte waren sich einig, daß man den Teil des Lides, der zu
lang geworden war, abschneiden solle, aber der Sultan wollte das nicht. Dann kam eine türkische Frau zu ihm und
sagte: »Ich kuriere dich, ohne dein Lid abzuschneiden, mit
etwas [einer Salbe?] aus Stahl.« Sie blieb eine Weile beim
Sultan und behandelte sein Auge.

Am Freitag, dem 13., ging der Sultan zum Nilometer
hinab und verrichtete dort das Freitagsgebet, und der schafiitische Qadi predigte in der Moschee am Nilometer. Er
blieb bis nach dem Nachmittagsgebet dort; dann kehrte er
zur Zitadelle zurück, und die Schwellung an seinem Auge

wurde immer schlimmer, so daß sich schon das Gerücht verbreitete, er sei erblindet und sein Auge sei ganz eingesunken. So verbarg er sich einige Tage im Aschrafiyya-Gewölbe, und die Leute redeten deshalb immer mehr darüber. In dieser Zeit gab es keine offiziellen Erlasse, weil seine Signatur nicht zu bekommen war und keine Gerichtsverfahren stattfanden. Man redete sogar unter den Leuten, daß der Sultan sich selbst absetzen wolle – damit die Erlasse unterschrieben würden und die Rechtsprechung weiterginge. Aber diese Gerüchte waren nicht richtig. – Was ich von einem guten Freund des Sultans gehört habe, ist dies: Als die Schwellung immer stärker wurde und er sich sehr aufregte, da stand er die ganze Nacht im Erker des Aschrafiyya-Saales, flehte Gott an und sagte: »O Du, der sich nicht durch Tyrannei und Grausamkeit auszeichnet, erbarme Dich Deines Dieners Qansauh al-Ghûrî!« Dann sagte er: »Gott, wir haben gegen uns selbst Unrecht getan, und wenn Du uns nicht vergibst und Dich erbarmst, dann gehören wir wahrlich zu denen, die verloren sind!« Und er wiederholte immer wieder: »O Sehender! O Sehender!«; denn er fürchtete sich vor dem, was seine Feinde (als Gerücht) verbreitet hatten, und vergaß, was seine Hände zuvor getan hatten.

In diesem Monat starb einer von den Spitzeln namens Muhammad ibn Tâhir; der pflegte die Leute beim Sultan anzuschwärzen. Und als die Pest nach Kairo kam, starb auch er an der Pest, und Gott gab den Muslimen Ruhe vor ihm, und sein Tod wurde zu den Höhepunkten des Jahres gezählt. Was ihm bei seinen Angebereien passierte, ist, daß er eine weiße Sklavin namens Gattin Inal Bays anschwärzte, die nahe der Sunqur-Brücke wohnte. Er behauptete, sie hätte ein Deposit von einem Emir bei sich und begehre danach (es sich anzueignen). Als der Sultan das hörte, schickte er (jemanden), diese Frau zu verhaften und legte ihr 10 000 Dinar

auf. Sie verkaufte alles, was sie besaß, und brachte etwas
Geld. Als sie sah, daß sie die Menge, die ihr auferlegt war,
nicht zahlen konnte und in Arrest genommen werden würde, hängte sie sich mit eigener Hand nachts auf. Wenn dieser
Ibn Tâhir noch länger gelebt hätte, hätte er den Leuten
unermeßlichen Schaden zugefügt, aber da schickte Gott ihn
zur Hölle:

Die Höllenwächter des Feuers verabscheuen sein Gesicht,
Und seit die Hölle ihn gesehen hat, sucht sie Zuflucht
bei Gott vor ihm!

Zu den Ereignissen gehört auch dies: eine Anzahl von
Handwerkern kam in das Arsenal, um Pulver herzustellen.
Da stieg Rauch daraus auf, und das Dach des Arsenals fing
Feuer. Das Feuer breitete sich aus, und in der Zitadelle gab
es deswegen große Aufregung. Der Sultan, der im Erker der
Aschrafiyya war, stand auf und verbarg sich vor dem starken
Rauch. Drei Handwerker verbrannten so, daß ihnen das
Fleisch von den Knochen schmolz; sie wurden nach Hause
getragen und starben alle drei nach drei Tagen. Die Leute
meinten, dieser Brand sei ein böses Omen für den Sultan.

[Der Sultan unterzeichnet einige Erlasse.] Dann sagte
eine Anzahl Augenärzte zum Sultan: »Dein Auge wird nicht
heilen, bevor nicht das überhängende Stück vom Lid abgeschnitten ist.« Aber der Sultan weigerte sich. Da brachten
sie vier Leute mit Schwellungen in den Lidern vor ihn, unter
ihnen einen gewissen Sidi Muhammad ibn Manglibugha.
Dessen Lid schnitten sie in Gegenwart des Sultans ab, um
ihn zu ermutigen. Aber der Sultan wollte noch immer nicht.
Dieser Muhammad ibn Manglibugha wurde nach einigen
Tagen gesund, kam hinauf und zeigte dem Sultan, daß sein
Auge ganz in Ordnung war.

Djumâdâ I (5. Juli–3. August)
[Alle Beamten gratulieren dem Sultan zum Monatsanfang; er läßt die Offiziere Gehorsam schwören.] Dann wandte er sich an die Soldaten und machte sich daran, ihr Herz zu gewinnen und sagte: »Ich hab ja Fehler gemacht euch gegenüber – nehmt mir's nicht übel – wir sind ja Kinder des Tages – jeder, der kein Futter oder kein Fleisch gekriegt hat, dem will ich's zahlen.« Dann zahlte er den Sold und die Extrazahlung an alle [um die aufständischen Soldaten zu beruhigen. Er läßt auch zahlreiche Gefangene frei.]

Am Donnerstag, dem 18., schickte der Sultan dem abgesetzten Kalifen al-Mustamsik billâh Ja'qûb, dem Vater Mutawakkils, eine Sonderzahlung von 300 Dinar durch den Emir Toqtabay, den Verwalter der Zitadelle, und ordnete an, daß niemand ihm irgendwie zu nahe treten dürfe. Als Toqtabay zu ihm kam, sagte er: »Der Sultan läßt dich grüßen und dir sagen, bete für ihn, und du möchtest ihn von seiner Schuld freisprechen und ihm nicht übelnehmen, was er dir angetan hat; es war ein dummer Einfall von ihm (?).« Da sagte er: »Bei Gott, ich bete für den Sultan und ich denke Gutes von ihm; er hat mir doch nichts als Gutes getan!«

Djumâdâ II (4. August–1. September)
Qansauh al-'Âdilî, der Inspekteur der Ostprovinz, erschien und hatte mit sich einen der Söhne des Beduinenschaikhs Ibn Qurtam, Sâlih, von den Banû Hirâm. Dem hatte er die Haut abgezogen, sie mit Stroh ausgestopft und ihn auf ein Pferd gesetzt, und er hatte ihm eine kleine Mütze aufgesetzt und einen seidenen Mantel (?) angezogen. Er war jung und schön von Gestalt, und die Leute bedauerten ihn. Als er ihn dem Sultan vorführte, ärgerte den das, denn er hatte nicht befohlen, ihn zu schinden. Als das passiert war, rebellierten die Beduinen im Lande und zerstörten den Halfaya-Damm,

und das Wasser floß über das Land, als es nicht recht war, denn es war in den Nächten des Hochwassers.

Radjab (2. September–1. Oktober)
Es war sonderbar, daß der Sultan, als er dieses Augenleiden hatte, großmütig war und die wöchentlichen und monatlichen Zwangszahlungen abschaffte, mit denen er den Marktprovost beauftragt hatte, und auch viele unrechtmäßige Steuern, die auf Weizen, Melonen und ähnliches gelegt worden waren. Aber als er wieder geheilt war und die Stadt durchquerte, da bedrängte ihn der Mob wegen der neuen Kupfermünzen. Als er wieder auf der Zitadelle war, ärgerte er sich darüber und befahl, die Wochen- und Monatsabgaben und die genannten Steuern wieder einzuführen – wie sie gewesen waren und noch darüber hinaus, und er sagte: »Ich hatte sie von so vielen Abgaben entlastet, etwa 2.000 Dinar im Monat, und nun jammern sie über Kupfermünzen!«

Am Sonntag, dem 11., verbreitete sich das Gerücht, ein Berber hätte irgendwo in Oberägypten ein Nilpferd gefangen und es zum Sultan gebracht. Als es vor dem Sultan stand, freute er sich darüber, und man sagt, er hätte es in das Bassin im Hippodrom gesetzt. Einer der Angestellten des Marstalls hat es uns beschrieben.

Am Donnerstag, dem 22., zog sich der Sultan zurück und ging nicht zu den Emiren. Da verbreitete sich das Gerücht, er hätte das, was zu lang war an seinem Augenlid, abschneiden lassen, und man hätte es zusammengezogen, und so sei er davon unwohl. Am Freitag ging er nicht aus, betete das Freitagsgebet nicht und befahl den Emiren, nicht wegen des Gebetes zur Zitadelle zu kommen und ihn nicht zu stören. Denn an diesem Tage trank der Sultan seine Medizin.

Der Monatsanfang war am Freitag, und der Kalif und die
vier Qadis kamen, um wie üblich zum Monatsanfang zu
gratulieren. Aber sie trafen den Sultan nicht, und es wurde
ihnen mitgeteilt, daß er ins Bad gegangen sei; denn er sei
genesen, nachdem sie das Lid geschnitten hatten. Der Sultan hatte nämlich gedacht, der Neumond sei noch nicht
gesehen worden, und war deshalb ins Bad gegangen.

Am Dienstag, dem 4., kamen die Emire wie üblich zur
Zitadelle, und der Sultan ging ihnen aus der Duhaischa zu
Fuß entgegen und hatte die große *takhfîfa,* genannt das
Wasserrad, auf dem Kopf; die ist wie die Krone bei anderen
Königen... Die Emire küßten den Boden vor ihm und
beglückwünschten ihn, daß er die große *takhfîfa* trug. Dann
brachten sie ihm das Tintenfaß, und er signierte an diesem
Tage eine Anzahl von Urkunden und sprach Recht in einer
Anzahl von Fällen. [Im Hippodrom werden Ehrenkleider
an Emire und Ärzte verliehen.] Die Prinzessin, die Gattin
des Sultans, schickte auch jedem einzelnen eine prächtige
kâmiliyya mit Zobelpelz. Dann gingen die Augenärzte in die
Häuser der Emire und verkündeten ihnen die gute Nachricht, daß der Sultan genesen sei, und die Emire verliehen
ihnen auch kostbare *kâmiliyyas* und ebenso die Zivilbeamten...

An diesem Tag ging Zainî Barakât ibn Mûsâ, der Marktprovost, mit den vornehmsten Zivil- und Staatsbeamten von
der Zitadelle hinab. Sie hatten sich mit gelber Seide gegür-
tet, weil der Sultan genesen war. Er zog durch Kairo, vor
ihm die Ärzte in ihren Ehrenkleidern, und verkündete,
Kairo solle geschmückt werden, weil der Sultan genesen
war. Die Stimmen erhoben sich zum Gebet, und die Frauen
trillerten von den Balkonen. Barakât ibn Mûsâ ließ den
Bewohnern am Ratlî-Teich anordnen, ein prächtiges Feu-

166

erwerk zu machen und die Balkone zu schmücken, und die Frauen am Ratlî-Teich trillerten und hängten gelbe Seidenstreifen an die Balkone und buntseidene *kâmiliyyas,* und Trommler und Pfeifer fuhren in den Booten, um die vornehmen Anwohner des Ratlî-Teiches zur Genesung des Sultans zu beglückwünschen. Dann fingen sie mit der Festbeleuchtung an und hängten Träger und Gestelle mit Lampen darin an die Balkone, und so feierten sie drei Freitage hintereinander mit großer Festbeleuchtung; jede Nacht fuhren Boote mit Schaulustigen umher, und es gab so viel Freude und Spaß, daß man es gar nicht erzählen kann, besonders weil es eine richtig königliche Angelegenheit war und der Nil am Ende des Hochwassers war. Die Leute waren grenzenlos vergnügt, und jede Nacht passierten seltsame Dinge, wie Konzerte einer reizenden Sängerin und Illumination und Feuerwerk und andere prächtige Sachen.

Dann schmückte der Kalif seine Tür mit Tüchern vom Grabe der Sayyida Nafîsa – Gott möge zufrieden mit ihr sein! –, und die Qadis schmückten ihre Tore mit Samtbaldachinen und seidenen Schleiern, vor allem der hanafitische Oberqadi Ibn Schihna – der überschritt alle Grenzen und dekorierte seine Tür mit brokatenen Schleiern mit Ambra, und das sah man als verwerfliche Neuerung an. Der Schmuck blieb sieben Tage hintereinander hängen, und die Pauken wurden jeden Tag zweimal geschlagen, sowohl auf der Zitadelle als an den Türen der Emire, und so etwas war noch nie in Ägypten vorgekommen, wenn ein Sultan oder Emir genesen war ... Die Oberqadis schmückten sogar die Türen der Madrasen, in denen sie wohnten ... Einige Leute tadelten sie deswegen. Oberqadi Ibn Schihna hatte sogar eine Art Vorgarten mit Bäumen und ledernen Becken am Tor der Baibarsiyya aufgebaut, und das zählte zu den verwerflichen Neuerungen.

[Der Sultan begibt sich nach Matariyya und durchquert Kairo im Festzug.] An diesem Tage ging eine Frau aus, um den Sultan zu sehen. Sie war schwanger und bekam einen Stoß vor den Leib, und das Kind kam sofort heraus. Sie starb am gleichen Tage und wurde auf einer Bahre nach Hause gebracht.

[Dann bringt jeder einzelne Zivilbeamte dem Sultan Geschenke zur Genesung.]

Am Dienstag, dem 22., ließ der Sultan schwarzseidene Decken mit Brokatstickerei anfertigen, ungefähr sieben; die waren für die Propheten[-Gräber], vor allem für das Grab unseres Herrn Abraham des Freundes Gottes, und sie durchquerten Kairo, Trommeln und Pfeifen vor ihnen, und es war ein spektakulärer Tag. Der Diener des Heiligtums von Abraham war anwesend; er ging mit einer Gruppe von Derwischen vor den Decken her.

Schawwâl (30. November – 28. Dezember)

In diesem Monat verlieh der Sultan dem 'Abdul 'Azîz as-Sûfî ein Ehrenkleid und ernannte ihn zum Referenten für die königlichen Scheunen und die Vorratskammern. Da wurde 'Abdul 'Azîz gewaltig arrogant und vergrößerte seinen Turban und wurde zu einem der vornehmen Funktionäre; er ritt auf Pferden und vergaß die Schläge mit Brecheisen, die er erlitten hatte, und vergaß, daß seine Knie mit glühenden Zangen gekniffen worden waren und seine Finger verbrannt – er vergaß das alles und trug die Nase wieder ganz hoch.

Am Samstag, dem 12., gab es ein gewaltiges Ereignis, das sich immer mehr ausweitete. Der Grund war, daß einer der hanafitischen Hilfsrichter, Gharsuddîn Khalîl, eine schöne Frau hatte. In die hatte sich ein schafiitischer Hilfsrichter namens Nûruddîn al-Maschâlî verliebt, und er war mit ihr lange bekannt. Nun passierte es, daß Gharsuddîn an diesem Samstag zum Mausoleum von Imâm Laith ging, um die Nacht dort zuzubringen. Die Frau schickte zu Nûruddîn und informierte ihn, daß ihr Gatte Khalîl diese Nacht bei Imâm Laith bleibe. So war er beruhigt, und dann schickte er ihr etwas Passendes. Nun lebte neben dem Haus der Frau ein Mensch, den die Leute Schumais nannten; der war auch in diese Frau verliebt, aber sie mochte ihn nicht. Als der sicher war, daß Nûruddîn diese Nacht bei ihr sein würde, wartete er ab, bis jener wirklich kam und sich bei ihr zu Hause eingerichtet hatte. Dann ritt Schumais zum Mausoleum des Imâm Laith und informierte Khalîl. Der ritt sofort los, kam zu seinem Haus, fand die Tür verschlossen und öffnete sie. Er trat ein und fand Nûruddîn und seine Frau unter dem Moskitonetz, sich unter der Bettdecke umarmend. Er packte sie eigenhändig. Als es Nûruddîn klar wurde, daß er sich an Khalîl vergriffen hatte, indem er in sein Haus gekommen war und mit seiner Frau Unzucht getrieben hatte, wollte er die Sache vertuschen und sagte zu Khalîl: »Ich will dir einen Schuldschein über 1.000 Dinar schreiben, aber mach mich nicht unter den Leuten bekannt!« Und die Frau sagte: »Nimm alles, was an Gerätschaften im Hause ist, und vertusche die Geschichte!« Aber Khalîl wollte das nicht. Vielmehr schloß er die Tür, ging zum Hause des Oberkämmerers und erzählte ihm, was passiert war. Der schickte jemanden, um die beiden zu ergreifen. Als sie vor ihm standen, gestand Nûruddîn, daß er ins Haus gekommen sei und daß er und die Frau Ehebruch getrieben hatten. Darauf brachte der Oberkämmerer den Qadi Schamsuddîn ibn Wuhaisch, einen schafiitischen Hilfsrichter, und der legte Zeugnis ab, daß Nûruddîn selbst die Unzucht zugegeben und das eigenhändig niedergeschrieben habe. Er schrieb ein Protokoll darüber und legalisierte es. Dann zog der Oberkämmerer den Nûruddîn aus und prügelte ihn so entsetzlich, daß er fast umkam; dann prügelte er auch die Frau auf den Schultern der Henkersknechte ganz fürchterlich und befahl, sie in Kairo zu zeigen. Er setzte Nûruddîn auf einen Esel und setzte ihm seinen Turban auf und setzte die Frau auch auf einen Esel, die Gesichter dem Schwanze des Esels zugekehrt. So führten sie sie durch die Salîba und ganz Kairo und über die Löwenbrücke, und es war ein fürchterlicher Tag für sie. Dann wurden sie wieder ins Haus des Oberkämmerers gebracht, und sie legten der Frau auf, dem Oberkämmerer 100 Dinar zu zahlen. Die Frau sagte: »Mein Mann hat die Hand auf all mein Vermögen gelegt; ich besitze gar nichts.« So sagten sie zu ihrem Mann: »Los, bring 100 Dinar vom Vermögen deiner Frau für den Oberkämmerer!« Aber das wollte er nicht und weigerte sich, und da arretierten sie ihn.

Nun hatte Khalîl einen kleinen Sohn, der mit den Vertrauten des Sultans in der Duhaischa studierte. Als sein Vater verhaftet wurde, ging der zum Sultan und erzählte ihm von Anfang bis Ende, was da passiert war. Und dadurch war der Riß nicht mehr zu flicken.

Am 14. brachte man dem Sultan einen Ermordeten namens Qanim al-Muqâdif. Er war ein Arsenalsangestellter, und die Söhne des Ermordeten teilten mit, ein Djulbân-Mamluk hätte ihn eingeladen und ihn trunken gemacht; dann hätte er ihn mit einer Bogensehne stranguliert, bis er tot war. Qanim hatte nämlich ein einträgliches Lehen, und die Djulbân töteten ihn deswegen. Er hatte Frau und Kinder und wurde umgebracht, und kein Hahn krähte danach, und der Sultan ließ die Sache laufen und rächte ihn nicht.

Am Mittwoch, dem 16., schickte der Sultan nach den vier Qadis, und als sie vor ihm saßen, beschimpfte er sie gröblich und sagte zu ihnen: »Bei Gott, ihr Richter des Gesetzes, ihr könnt wirklich stolz auf eure Hilfsrichter sein – der eine trinkt Wein, der andere hurt, der andere verkauft die Frommen Stiftungen!« Und darin lag eine Spitze gegen den hanafitischen Qadi Ibn Schihna; den wollte er nämlich treffen. Dann verlangte er das Protokoll, das Qadi Ibn Wuhaisch bestätigt hatte. Der sagte zu ihm: »Für mich steht fest, daß sie gesteinigt werden müssen!« Der Sultan stimmte dem zu, weil er Gerechtigkeit zeigen wollte, damit in den Geschichtsbüchern von ihm geschrieben würde, daß er in seiner Zeit Ehebrecher steinigen ließ wie zur Zeit des Propheten. So sagte er zu Ibn Wuhaisch: »Dann urteile, daß sie gesteinigt werden!« Der sagte: »Vorausgesetzt, der schafiitische Oberqadi gibt mir Vollmacht.« Der sagte: »Die gebe ich dir.« So löste sich die Sitzung auf, nachdem beschlossen worden war, die beiden zu steinigen und eine Grube auszuheben, in der sie gesteinigt werden sollten. Und wenn der Sultan das sofort getan hätte, dann wäre alles in Ordnung gewesen. Aber er hatte sich um den Auszug des *maḥmal* und um die Pilger zu kümmern, und so vertagte er diese Sache bis nach dem Auszug der Pilger.

Während sich nun der Sultan mit den Pilgern befaßte, stellte sich ein schafiitischer Hilfsrichter namens Schamsuddîn az-Zankalûnî auf die Seite des Maschâlî. Er schrieb ein Rechtsgutachten, nämlich (über das Problem): Wenn jemand Unzucht getrieben und das bekannt habe, dann aber seine Aussage zurückziehe – ob er dann straffrei ausgehe oder nicht? Er schickte dieses Problem an eine Menge von Gelehrten und großen Theologen, und der schafiitische Oberqadi urteilte, wie auch andere Gelehrte: wenn er widerruft, dann entfällt die Strafe, Steinigung oder sonst eine Strafe. Als der Sultan das hörte, wurde er noch wütender auf die Qadis und sagte: »Ihr Muslime – da kommt so einer ins Haus eines Mannes und treibt Unzucht mit seiner Frau und wird mit ihr unter der Bettdecke ergriffen und gesteht seine

Schuld und schreibt mit eigener Hand, was er getan hat –
und da sagen die, er kann das ableugnen!« So berief er eine
Sitzung auf der Zitadelle ein und befahl den vier Qadis zu
erscheinen. Am Donnerstag, dem 24., erschienen sie und
auch die abgesetzten Qadis und eine große Menge anderer
Gelehrter und Juristen. Als sie vollzählig waren, redete der
Sultan zuerst mit (dem früheren Oberqadi) Zakariyâ al-
Ansârî und (dem früheren Oberqadi) Burhânuddîn ibn Abî
Scharîf und sagte zu ihnen: »Wie kann denn das sein: da ist
ein Mann mit einer Frau verheiratet und kommt heim und
findet einen Fremden mit seiner Frau unter der Bettdecke
schlafend, und der gibt den Ehebruch zu – und ihr sagt, der
kann widerrufen?« Ibn Abî Scharîf antwortete ihm: »Gott
hat das so befohlen!« Und sie zeigten ihm die Überlieferung
darüber. Aber er kümmerte sich nicht darum und sagte:
»Ich, bin nicht ich es, der anzuordnen hat? Und ich habe die
Kompetenz!« Ibn Abî Scharîf sagte: »Jawohl, aber auf
Grund des edlen Gesetzes (ist es so), und wenn du die
beiden tötest, mußt du das Blutgeld für sie bezahlen!« Da
wurde er ganz wütend auf ihn und hätte ihn fast tätlich
angegriffen. Dann wandte er sich an Schaikh Zakariyâ:
»Nun, was sagst du denn?« Der antwortete: »Widerruf nach
dem Geständnis; und wenn er widerruft, kann er nicht bestraft werden.« Der Sultan sagte: »Dafür bist du verantwortlich!« Qadi Zakariyâ erwiderte: »Na, wieso ich? Verantwortlich ist der Führer unserer Rechtsschule, Imam Schâfiî!«
Es heißt, der Sultan habe zu ihm gesagt: »Du bist ja völlig
senil und hast überhaupt keinen Verstand mehr!« Dann
wandte er sich an die vier Qadis und beschimpfte sie und
sagte: »Ihr vier, steht auf, laßt mich nie wieder eure Gesichter sehen!« So erhoben sie sich, völlig gebrochen, und es war
ein fürchterlicher Tag für sie. Die Sitzung ging übel aus, und
sie hatten Schlimmes vom Haß des Sultans zu ertragen.

Dann setzte er den Qadi Ibn Abî Scharîf als Schaikh seiner Madrasa ab, und man hörte, er solle nach Jerusalem verbannt werden; er setzte auch den malikitischen Qadi vom Qadi-Amt und vom Amt des Predigers in seiner Moschee ab. Ganz besonders zornig war er auf Ibn Schihna und hätte ihn fast tätlich angegriffen. Dabei war dieser einer seiner intimsten Freunde und pflegte drei Nächte in der Woche bei ihm zu übernachten und war einer seiner engsten Vertrauten und reiste mit ihm, wenn er herumfuhr, und das Lösen und Binden aller Reichsangelegenheiten lag in seiner Hand – und nun wandte er sich so von ihm ab, als ob er ihn nie gekannt hätte . . .

Es passierte auch in dieser Sitzung, daß Schaikh Nûruddîn al-Mahallî zum Sultan sagte: »O Herr Sultan, was die großen Gelehrten über den Widerruf gesagt haben, stimmt, denn es ist ein Text, der von Imam Schâfiî überkommen ist und auch von anderen Rechtsgelehrten, und es hat nichts zu sagen, daß er vorher (sein Verbrechen) gestanden hat.« Da sagte der Sultan zu ihm: »Nun, hoffentlich kommst du jetzt heim und findest, daß da einer mit deiner Frau so was macht wie der Maschâlî mit Khalîls Frau!« Nûruddîn al-Mahallî sagte: »Gott behüte!«, und das ärgerte den Sultan innerlich. So endete die Sitzung ohne Ergebnis, und die Gelehrten hatten riesige Erniedrigung zu erleiden, vor allem Schaikh Burhân-uddîn ibn Abî Scharîf.

Man sagte, der Sultan habe dem Oberqadi Ibn Schihna seine Gunst entzogen, weil der anfangs mit ihm übereinge-stimmt hatte, daß beide, Mann und Frau, zu steinigen seien; aber als die anderen das Gutachten abgaben, bei Widerruf entfalle die Strafe, stimmte er denen zu. Da sagte der Sultan zu ihm: »Erst haste mit mir etwas beschlossen, und jetzt widerrufst du's. Hättest mir das von Anfang an sagen sollen, das mit der Leugnung nach dem Geständnis!« Als Ibn Schihna merkte, daß der Sultan wirklich so wütend auf ihn war, ging er zu den Emiren und zum Geheimschreiber, damit sie beim Sultan für ihn bitten sollten. Dann befahl der Sultan dem Dawâdâr des Präfekten, den Ehebrecher Maschâlî einzukerkern, und der brachte ihn in die Maqschara, und die Frau brachte er in die Zelle.

Am Dienstag, dem 29., ging der Sultan ins Hippodrom, setzte sich hin und ließ Schamsuddîn Zankalûnî holen, der den Gelehrten dieses Rechtsgutachten wegen des Widerrufs hatte zukommen lassen. Er sagte zu ihm: »O Zankalûnî – du, *dein* Rechtsspruch gilt also, und *mein* Rechtsspruch, meiner, gilt nichts!« Dann warf er ihn zu Boden und ließ ihm etwa tausend Stockschläge geben und schlug auch seine beiden Söhne, jeden mit etwa sechshundert Schlägen. Und sein Kollege Ibn Scharîf, der wie er urteilte, versteckte sich, als er das hörte. – Wer gegen den Zankalûnî gearbeitet hatte, war Qadi Ibn Wuhaisch. Der hatte dem Sultan insinuiert, Zankalûnî und seine Söhne redeten schlecht von ihm und schmähten ihn, und so hetzte er den Sultan gegen ihn auf, bis all dies passierte. Dann befahl der Sultan, Zankalûnî in die Oasen zu verbannen, und er und seine Söhne, auf den Gesichtern liegend und blutend, wurden auf Eseln hinuntergebracht, und am Ende des Monats hörte man unter den Leuten, daß Zankalûnî an den Schlägen gestorben sei.

Dhu'l-qa'da (29. Dezember–27. Januar)
Der Monatsanfang war am Donnerstag, und der Kalif ging hinauf und gratulierte. Als er aufgestanden und weggegangen war, ritt der Sultan zum Ochsen-Hof, um nicht mit den Qadis zusammenzutreffen. Die saßen in der Moschee, aber der Sultan traf sich nicht mit ihnen, sondern ritt aus. Als die Qadis das erfuhren, gingen sie unverrichteter Dinge wieder fort.

Nun hatte der Sultan in der Sitzung, in der all diese Dinge passiert waren, die vier Qadis abgesetzt, und (die Ämter in) Kairo waren fünf Tage lang vakant. Man konnte keine Ehe schließen, und es wurde kein Recht gesprochen, und alle die Zeugen schlossen ihre Läden. Nichts lief mehr in Ägypten, und es gab ganz gewaltige Unruhe. Der Sultan gab dem Präfekten den Befehl: »Jeden Rechtsgelehrten, den du betrunken findest – pack den; ich zieh dir eine Samt*kâmiliyya* mit Zobel an und laß dich ein gesatteltes Pferd reiten!« Man hörte auch unter den Leuten, der Sultan hätte gesagt: »Kein Zivilbeamter mit einem Turban soll zu mir hereinkommen!«, weil er die Rechtsgelehrten so haßte. Und wenn ein Koranrezitator kam, dann setzte er ihm eine Mütze mit darumgewundenem Tuch auf. Man hörte, Barakât ibn Mûsâ hätte sich eine *takhfîfa* aufgesetzt, als er zum Sultan kam, und der lachte über ihn. Ebenso Qadi 'Alâ'uddîn, der Intendant der Privatschatulle – der trug eine *takhfîfa,* als er zum Sultan kam, und der sagte zu ihm: »Jetzt bist du wie ein tscherkessischer Mamluk!«

Am Mittwoch, dem 7., passierte die Sache mit Nûruddîn al-Maschâlî und der Frau. Der Sultan befahl nämlich, sie zu hängen. Er gab Jahjâ ibn Nukar den Befehl, zum Hause des Schaikhs Burhânuddîn ibn Abî Scharîf zu gehen und an dessen Tür einen Galgen aufzustellen. Das tat der Sultan absichtlich, weil er den Ibn Abî Scharîf so haßte, weil der ein Gutachten über den Widerruf abgegeben hatte. Als sich Jahjâ zu dessen Haus wandte und den Galgen aufstellte, dachte seine Familie, der Schaikh sollte gehängt werden, und sie begannen zu stöhnen und zu weinen und sich die Gesichter zu zerkratzen. Aber dann zeigte es sich, daß es für Nûruddîn und die Frau war ... Der Sultan befahl, sie an einem einzigen Strick aufzuhängen, die Gesichter einander zugekehrt. Die Frau war in ihrem Schleier, und ihre Kleider hingen lang herunter. Da kamen die Leute scharenweise aus den tiefsten Ecken und Winkeln, um sich die beiden anzusehen.

[Vier neue Qadis werden eingesetzt.]

Es ist noch niemals in irgendeiner früheren Regierung vorgekommen, daß der Sultan die vier Qadis an einem Tag eingesetzt hat, und das gehörte zu den seltenen Ereignissen, derengleichen man noch nie gehört hat.... Sie zogen mit ihren Ehrenkleidern alle an einem Tag von der Zitadelle. Aber noch merkwürdiger ist, daß der Sultan von diesen Qadis, die er einsetzte, nicht einen einzigen Dirhem nahm, und so entgingen ihm bei der Einsetzung dieser vier rund 12.000 Dinar – und das wurde zu den ganz großen Seltenheiten gerechnet, vor allem bei Sultan Aschraf al-Ghûrî!

Dhu'l-hidjdja (28. Januar–25. Februar)
Am Montag, dem 4., befahl der Sultan dem Heereskommandanten, die Söhne des Zankalûnî zu ergreifen, der unter den Schlägen gestorben war, und sie in Fesseln zu legen und in die Oasen zu schicken an einen Ort namens Mut, in dem es viele Skorpione und Ungeziefer gibt. Er schickte einen Aufseher mit ihnen und nahm 15 Dinar von ihnen – und es reicht wirklich, was sie erlitten haben!

Am Sonntag war das Opferfest, und die Opfertiere waren übermäßig teuer, ja, es waren gar keine zu finden wegen der Belästigung durch die Mamluken und weil sie Schafe und Kühe mit Gewalt weggeschleppt hatten. Und noch merkwürdiger war das mit dem Salz, da der Sultan es hortete und monopolisierte, und so wurde auch das Salz knapp...

Das Jahr 920 d. H.

Muharram (26. Februar–27. März)
Am Mittwoch, dem 4., fand man im Schafmarkt einen der
Qarânisa-Mamluken ermordet auf, mit einer Bogensehne
erdrosselt. Man hatte ihm seine Kleider ausgezogen und ihn
mitten in den Weg geworfen, und niemand wußte, wer ihn
umgebracht hatte. Doch es hieß, das hätten die Djulbân-
Mamluken wegen seines Lehens getan – sie machten so
etwas nämlich mit einer großen Menge von Qarânisa-Mamluken um der Lehen willen – sie wurden umgebracht, und
kein Hahn krähte danach. In diesen Tagen gab es sehr viel
Unruhe, und die Mamluken fingen an umzubringen, wer
ihnen über den Weg lief, alles wegen des Lehens, und wenn
man dem Sultan einen Ermordeten vorführte, kümmerte er
sich nicht drum – die Sache steht bei Gott dem Erhabenen.

In diesen Tagen waren alle Büros völlig leer und bankrott,
denn der Hafen Alexandria war verwüstet, und im vergan-
genen Jahr waren keine Schiffe dort gelandet, und der Hafen Djidda war auch seit etwa sechs Jahren verödet wegen
der Übergriffe der Europäer im Indischen Ozean, und
ebenso das Gebiet von Damiette, und die Nordprovinz war
in diesen Tagen überaus unruhig wegen der Übeltaten der
Beduinen.

Am Montag, dem 23., verlieh der Sultan ein Ehrenkleid
an Emir Toqtabay, den Zitadellenkommandanten, einen
Tausender-Emir, und ernannte ihn zum Leiter der Pilgerkarawane mit der *maḥmal*-Gruppe. Und er verlieh ein Ehrenkleid an Sidi ‘Omar, den Enkel Sultan Djaqmaqs, und ernannte ihn zum Leiter der ersten Pilgergruppe. Da weinte

der und jammerte, denn er war arm und konnte (die Ausgaben) nicht auf sich nehmen, aber der Sultan kümmerte sich nicht um seine Klagen und hatte kein Erbarmen. Der Sultan handelte der alten Sitte entgegen, indem er die Leiter der Pilgerkarawane schon im Muharram ernannte, denn es war Sitte, daß sie ihr Ehrenkleid nach dem Geburtstag des Propheten im Rabî' al-awwal bekamen. Aber diesmal hatte der Sultan es eilig und investierte sie schon in diesem Monat.

[Am Ende des Monats schickt der Sultan eine Anzahl Emire nach Suez und will selbst dorthin reisen.]

Safar (28. März – 25. April)

Der Safar begann am Dienstag, und der Sultan hielt sich im Lager in Raidâniyya auf, und der Kalif und die vier Qadis gingen dorthin, um ihn zum Monatsanfang zu beglückwünschen. Der Sultan ehrte sie ganz außerordentlich, vor allem den Fürsten der Gläubigen al-Mutawakkil. Denn an diesem Tag hatten Abû Bakr und sein Bruder Ahmad, die Söhne Sidi Khalîls, des kürzlich verstorbenen Vetters des Kalifen, den Mutawakkil beim Sultan angeschwärzt wegen der Bezüge, die ihr Vater Khalîl gehabt hatte. Als Mutawakkil Kalif wurde, hatte er die Bezüge Sidi Khalîls erhöht, um ihm so den Mund zu stopfen; aber als Khalîl gestorben war, bestimmte der Kalif diese zusätzliche Summe für seinen eigenen Sohn Hârûn. Als der Sultan hörte, was die Söhne Khalîls sagten, stellte er sich auf die Seite des Kalifen und schalt die Söhne Khalîls: »Wenn er für euern Vater etwas zugelegt hat, um ihm damit das Maul zu stopfen – und wie der starb, sage ich zu ihm, ich gebe das, was ich dem Khalîl zugelegt habe, nach deinem Tod seinen Söhnen – wenn ich so etwas sagte, dann urteile ich gegen ihn in seiner eigenen Angelegenheit! Weg mit euch, ich will eure Gesichter nicht noch mal sehen!« Dann sagte er: »Bei Gott, wenn einer von euch noch mal gegen den Kalifen bei mir klagt, der erfährt nichts Gutes von mir! Fort mit euch, ihr macht mich ganz nervös!« ... Und sie gingen ganz gebrochen davon.

Der Sultan blieb im Lager bis Mittwoch, den 2., ritt nachmittags von Raidâniyya fort nach Khankah, aß dort zu abend, und dann reiste er ab in Richtung Suez, und die Emire, die nicht mit ihm reisten, kehrten zurück. Als der Sultan von Khankah abgereist war, kamen Nachrichten, daß das Wasser, das er in Schläuchen mit sich führte, schlecht geworden sei, weil die Schläuche neu waren. So wurde das Wasser blutrot, stank und war voll Würmer – und der Sultan hatte rund 3.000 Wasserschläuche mit, und all das Wasser verdarb!

Am Freitag, dem 4., schickte der Sultan nach Khair Bek, dem Schatzmeister, und Barakât ibn Mûsâ, dem Marktprovost, damit sie ihm die Kamele der Wasserverkäufer mit Schenken und Wasser schicken sollten. Barakât ibn Mûsâ requirierte die Kamele der Wasserverkäufer in Kairo, und die übrigen verbargen sich und versteckten auch die Kamele. Dadurch gab es viel Aufregung und Unruhe in Kairo, weil kein Wasser da war, und die Leute litten großen Durst. Die Emire und Soldaten in Kairo transportierten Wasser in Krügen auf Pferden und Maultieren, und die anderen Leute auf Eseln, und für vier Tage war in Kairo kein Wasserverkäufer auf einem Kamel zu sehen. Barakât ibn Mûsâ ergriff etwa hundertzwanzig Kamele mit den Wasserverkäufern und schickte sie zum Sultan. Danach stieg der Preis eines Schlauches Wasser auf zwei Silber-*niṣf*, und trotzdem gab es keins, und die Leute tranken aus Zisternen und Süßwasserbrunnen, solange diese schlimme Lage andauerte.

[Der Sultan kehrt nach etwa acht Tagen von Suez zurück.]

Man hörte, daß sich der Sultan mit einigen Emiren einen Spaß gemacht hatte. Er hatte sie in die große Corvette

kommen lassen, die dem Kapitän untersteht und in der ein
Raum unter dem Platz des Kapitäns ist. Er ordnete an, sie
sollten in diesen Raum hinuntersteigen. . . . Als sie da saßen,
ging Tuman Bay der Dawâdâr hin und machte die Falltür zu,
die über dem Raum ist, und ließ sie eine Weile allein. Da
dachten die Emire, der Sultan habe sie mit einer List gefangengenommen. Sie standen auf, aber die Falltür blieb für
etwa zehn Grad (40 Minuten) verschlossen, und sie bekamen immer mehr Angst. Doch da kam Tuman Bay der
Dawâdâr und sagte: »Jeder, der aus der Falltür heraus will,
soll dem Sultan einen Zentner Zucker bringen!« Sie glaub-
ten das nicht, sagten aber: »Gern, wir gehorchen!« Da öffnete er die Falltür, und sie kamen ganz verstört heraus.

[Der Sultan feiert seine Rückkehr in einem überaus glän-
zenden Umzug.]

[Am 19. Safar gibt es eine große Meuterei der Djulbân-
Mamluken auf der Zitadelle, und am Sonntag, dem 20., läßt
der Sultan die Beamten Rechenschaft ablegen.]

Man hörte, der Sultan habe am Nachmittag eine Gruppe
von besonders ausgezeichneten Gardisten zu sich gerufen
und sie wegen dieser schändlichen Aktionen getadelt. Einer
der Gardisten kam ihm grob und sagte: »Du bist es doch, der
die Büros hat leer werden lassen mit all diesen vielen Soldaten, die du zusammengeholt und für die du eine fünfte
Kaserne eingerichtet hast und für die du die Gehälter der
Waisen und der Frauen vermindert hast. Und das sind doch
Turkmenen und Perser und Gassenkehrer und Schuster –
zusammengewürfeltes Volk, hier ein Schneider, da ein Müt-
zenmacher!« Der Sultan antwortete: »Ich habe doch diese
neuen Soldaten nur gebracht, damit sie euch bei Feldzügen
und Expeditionen ablösen!« Da sagten die Mamluken: »Das
war aber nicht die Art, wie Sultan Qaitbay es gemacht hat;
denn du hast die Büros so leer werden lassen, daß es seit fünf

Monaten kein Fleisch gibt, und ebenso das Futter – wir kriegen aus den Scheunen wurmiges Getreide, was die Pferde nicht fressen, und der Sold, den du uns gibst, reicht nicht, um die Miete für ein Haus und einen Stall zu bezahlen und den Lohn für einen Diener und für unsere Kleidung; denn die Stoffe sind alle überteuert, noch nicht mal ungebleichtes Zeug gibt's, und der Honigtrank ist so teuer geworden, der Krug zwei Silber-*niṣf!* Wir werden in deinen Tagen ja nicht mal satt, weder an Fleisch noch an Honigtrank – nackt sind wir und hungrig!«

Am 28. zahlte der Sultan den Sold an die Soldaten der fünften Kaserne, und an diesem Tag passierte etwas Merkwürdiges: Die Djulbân-Mamluken standen im Hof, und wer immer seinen Sold bekommen hatte von den Soldaten der fünften Kaserne, dem nahmen sie ein Goldstück vom Lohn weg und sagten: »Dafür trinken wir Honigtrank!« Sie nahmen ihnen das Goldstück weg, ob sie wollten oder nicht, und die Soldaten der fünften Kaserne hatten an diesem Tag viel Gemeinheit von den Mamluken zu leiden, und der Sultan konnte nichts dagegen tun.

Rabî' I (26. April–24. Mai)

Am Donnerstag, dem 23., erschien ein Gesandter von Selim Schah ibn Osman, dem König von Byzanz, als der Sultan im Hippodrom war. Nachdem dem Sultan das Schreiben Ibn Osmans vorgelesen worden war, verbreitete sich unter den Leuten die Nachricht, daß Ibn Osman gegen Schah Ismail den Sophi marschieren wolle, und er schickte diese Nachricht, um den Sultan zu informieren und zu sagen, daß er und der Sultan gemeinsam in Wort und Tat gegen den Sophi vorgehen sollten.

In diesen Tagen wurde es sehr heiß, und der Sultan brachte vier Tage und Nächte hintereinander im Hippodrom zu, höchst komfortabel und vergnügt. Er füllte das Bassin im Hippodrom mit Wasser und ließ dort das Essen auftragen und speiste mit seinen besten Freunden. Das ärgerte die anderen Mamluken, und als man das Essen herunterbrachte, rissen sie die Speisen weg und zerbrachen die Porzellangefäße. Als der Sultan das hörte, ärgerte er sich, stand auf und ging hinauf zur Duhaischa, obwohl er bis Freitag hatte bleiben wollen – aber die Mamluken ärgerten ihn zu sehr.

Rabî' II (25. Mai–23. Juni)
Am Dienstag, dem 5., starb unser Schaikh, der hochgelehrte Zainuddîn 'Abdul Bâsit ibn al-Gharsî Khalîl ibn Schâhîn as-Safadî, der Hanafit. Er war ein vorzüglicher Gelehrter, ein würdiger Meister, aus angesehener Familie, und er gehörte zu den vornehmen Hanafiten. Er war 844 (1440) geboren, und so war er etwa sechsundsiebzig Jahre alt. Er war eine große Autorität in der Rechtsgelehrsamkeit nach der Schule Abû Hanîfas und war auch eine große Autorität in Medizin. Er verfaßte eine Anzahl wertvoller Schriften, wie etwa sein großes Geschichtswerk ... Sein Vater war ein vornehmer Mann und Wezir in Ägypten und Statthalter einer Anzahl von wichtigen Städten wie Hama, Safad, Jerusalem und Alexandria gewesen. Schaikh 'Abdul Bâsit war hochgewachsen, schlank und ließ eine Haarlocke auf dem Kopf wachsen, wie es die Sufis tun, und er hatte eine ganz ungewöhnlich große Nase, über die ein zeitgenössischer Dichter einen reizenden Spottvers schrieb ... Schaikh 'Abdul Bâsit war sehr zurückhaltend und ziemlich trocken, aber auch gewaltig hochnäsig. Er war bei den Türken und den Emiren hoch angesehen, weil er Türkisch konnte, und er hatte eine Menge guter Eigenschaften ... Er litt an Auszehrung und lag etwa anderthalb Jahre krank zu Hause, ehe er starb – Gott erbarme sich seiner.

Nachrichten kamen aus dem geheiligten Mekka, daß am 11. Safar ein furchtbarer Sturzbach gekommen sei, der sogar in das Heiligtum eingedrungen war. Das Wasser war bis zur Schwelle der Kaaba gekommen und hatte den Schwarzen Stein und den Platz Abrahams bedeckt, und eine Menge Häuser in Mekka waren zerstört worden und ungezählte Menschen ertrunken. Das war eine ganz fürchterliche Geschichte.

[Es kommen Nachrichten über den Vormarsch der Osmanen gegen die Perser.]

Am Samstag, dem 16., spielte der Sultan im Hippodrom Polo. Dann ordnete er an, daß die Emire ihre Kleider ablegen sollten, und er ging mit ihnen in das Bassin im Hippodrom und hielt vertraulichen Rat mit ihnen, ob man sich den Osmanen anschließen solle. [Man beschließt, neutral zu bleiben.]

[Am Mittwoch, dem 19., wird der hohe Funktionär Schamsuddîn ibn 'Awad verhaftet.] Ich sage: Auch als er einer der führenden Beamten geworden war, ließ er nicht von seinen Fellachengewohnheiten ab – sein Turban war ein Fellachenturban und seine Redeweise die der Fellachen, als ob er ein richtiger Fellache wäre, der gerade vom Pflug kam, und er wurde in seiner hohen Stellung nicht geschliffener.

Djumâdâ I (24. Juni–23. Juli)

Am Donnerstag, dem 6., verlieh der Sultan ein Ehrenkleid an einen Zehner-Emir, Mamay al-Khâzindar, der zu seinen eigenen Mamluken gehörte, und bestimmte ihn, zusammen mit Khawâga Jûsuf al-'Âdilî nach Damaskus zu reisen. Der Grund war, daß die Absicht des Sultans, seinen Sohn mit der Tochter Sibays, des Statthalters von Damaskus, zu verheiraten, immer stärker wurde. So schickte er die beiden, um das Brautgeld festzulegen und die Verlobung vorzunehmen.

Aber als sie nach Ghaza kamen, hörten sie, daß diese Tochter Sibays, um derentwillen sie gekommen waren, gestorben sei – Gott hab sie selig! So schickten sie einen Brief mit dieser Nachricht an den Sultan und berichteten, Sibay hätte noch eine andere, jüngere Tochter. Da ließ der Sultan ihnen sagen: »Zahlt Sibay das Brautgeld, das ich euch mitgegeben habe, und arrangiert die Verlobung mit der kleinen Tochter.« Dementsprechend handelten sie.

Am Donnerstag, dem 20., erschienen an der Hohen Pforte die Scharifen, die Brüder Barakâts, des Emirs von Mekka. Sie kamen nach Kairo, weil zwischen ihnen und ihrem Bruder Sayyid Barakât ein fürchterlicher Kampf ausgebrochen war und auf beiden Seiten eine große Menge Menschen getötet worden waren. Die Brüder Sayyid Barakâts waren besiegt worden und davongelaufen. Nun hatten sie nur noch die Möglichkeit, beim Sultan vorstellig zu werden, bis sich die Sache weiterentwickeln würde.

Djumâdâ II (24. Juli–21. August)
[Der Sultan gibt Gala-Empfänge für einen osmanischen Gesandten, der reiche Geschenke bringt.]
Am Freitag, dem 12., kamen Nachrichten, daß Ibn Osman noch einen anderen Gesandten auf Postpferden geschickt habe, und als der nach Sâlihiyya kam, blieb er über Nacht dort, und da wurde ihm der Beutel gestohlen, den er unter den Kopf gelegt hatte – da waren seine Kleider und etwas Geld und ein Schreiben Ibn Osmans an den Sultan drin. Als der Sultan das hörte, wurde er über die Maßen wütend, und man sagte, er habe sich vor Zorn den Bart gerauft. Er bestimmte sofort einen Oberdiener, zum Beduinenschaikh Ahmad ibn Baqar zu gehen, mit Anordnungen, daß er nachforschen solle, wer von den Beduinen den Beutel dieses Gesandten genommen habe, und wenn das Schreiben Ibn

Osmans, das in dem Beutel war, verloren gegangen sei, dann hafte er mit seinem Leben dafür. Bald danach hörte man, daß der Beduinenschaikh denjenigen ergriffen habe, der den Beutel des Gesandten gestohlen hatte, und er gab ihn ihm am gleichen Tage unversehrt zurück. Es heißt, der Sultan habe bei seinem Haupte geschworen, wenn der Beduinenschaikh diesen Beutel samt Inhalt nicht zurückbringe, würde er ihn in seinen Kleidern zweiteilen.

Am Samstag, dem 13., passierte etwas Sonderbares. Ein Jude namens Khudair, der in der Salîba wohnte und Medizin trieb, ging zu einem kranken Mamlukennachkommen und verordnete ihm ein Klistier. Und zwei Tage nachdem er das bekommen hatte, starb er. Da ergriffen sie diesen Juden und brachten ihn zum Aufseher der Getränkekammer. Es heißt, daß er vor Angst zum Islam übertreten wollte, aber dann blieb er bei seinem Glauben. Es konnte jedoch nicht festgestellt werden, ob er diesen Kranken wirklich getötet hatte. Er behauptete, dem Kranken sei der Wein aufs Herz geschlagen und deswegen sei er nach dem Klistier gestorben. Man sagt, der Jude habe eine erkleckliche Summe gezahlt und sei gezüchtigt worden; dann wurde er freigesprochen, und die Tötung blieb ungesühnt.

Am Sonntag, dem 14., starb der Pol, der Gnostiker, der Heilige, der Asket und Ekstatiker, Schaikh Muhammad ibn Zur'a al-Ahmadî al-Badarschainî. Er gehörte zu den hervorragendsten Heiligen und vollbrachte große Wunder und empfing wahre Enthüllungen (göttlicher Geheimnisse). Er starb mit über siebzig, und sein Leichenzug war spektakulär. Man betete das Totengebet in der Moschee des Schaikhs Sultân Schâh, und er wurde in seiner Klause nahe der Qudaidâr-Brücke beigesetzt.

[Am 15. kommen Nachrichten, daß Sultan Selim Schah Ismail besiegt habe. Der Sultan läßt in verschiedenen Moscheen als Dank Koranrezitationen abhalten.]

Am Freitag, dem 18., passierte etwas Merkwürdiges. Als der zweite Gesandte von Ibn Osman, der behauptet hatte, sein Beutel, in dem ein Schreiben Ibn Osmans war, sei ihm unter dem Kopf weggestohlen worden, und um dessentwillen der Sultan sich so aufgeregt hatte – als der vor dem Sultan stand, entschuldigte sich dieser sehr für das, was ihm widerfahren war. Er blieb ein paar Tage in Kairo, und der Sultan schickte ihn zu dem Gesandten, der zuerst gekommen war. Der aber leugnete (ihn zu kennen) und sagte: »Ibn Osman hat ihn nicht geschickt; der gehört nicht zu seinen Leuten!« Er blieb in Kairo, bis er den Sultan um Erlaubnis bat, in seine Heimat zurückzukehren. Der Sultan gab ihm die Erlaubnis und schenkte ihm eine beachtliche Summe. Als er fortgegangen war, kam es zwischen ihm und seinem Gefährten zum Streit wegen der Summe, die er erhalten hatte und von der er seinem Gefährten nichts abgegeben hatte.

Als das passierte, kehrte sein Gefährte um und verriet ihm beim Sultan: Er sei ein Spion von Hasan ibn Ahmad Bey Ibn Osman, dessen Vater nach Ägypten gekommen und dort an der Pest gestorben sei. Der hielte sich jetzt beim Sophi auf und hätte diesen Gesandten geschickt, um herauszubekommen, was in Ägypten los sei; dieser Gesandte hätte auch die Statthalter beschwindelt und von ihnen erkleckliche Summen genommen. Als der Sultan das als wahr befand, befahl er, den Gesandten vom Weg zurückzuholen, und als er vor ihm erschien, wollte er ihn aufhängen lassen. Dann übergab er ihn dem Präfekten, der ihn in Ketten schlug und zu Fuß herunterführte, während die Henkersknechte vor ihm verkündeten: »Das ist die Strafe für jemand, der Könige belügt!« Dann brachte man ihn in die Maqschara, wo er eingesperrt wurde, und es heißt, der Sultan habe dem Präfekten befohlen, ihn zu foltern und alles Geld und die Geschenke, die er von den Statthaltern erhalten hatte, aus ihm herauszuholen.

Scha'bân (21. September–10. Oktober)

[Am 4. kommt noch ein Bote, der den Sieg Sultan Selims über Schah Ismail bestätigt, und es heißt, Selim habe Ismail in Ketten gefangengelegt.]

Am Freitag, dem 10., passierte etwas Fürchterliches. Am Tag, als der Damm Abû Munaggâ geöffnet werden sollte, begab sich der Präfekt von Kairo dorthin, um ihn zu öffnen. Er belud zwei Boote mit Gefäßen voller Süßigkeiten und Obst; und Teppiche, Stoffe und Geschirr waren auch auf den Booten. Als sie an die Brücken von Abû Munaggâ kamen, wurde die Strömung ganz heftig, und die beiden Boote kenterten mit allem, was darin war, und alles versank. Ein Privat-Mamluk des Präfekten ertrank auch und ein paar Diener, und das war ein fürchterlicher Tag.

Ramadân (20. Oktober–18. November)

[Neue Nachrichten vom Siege der Osmanen kommen; es heißt, Schah Ismail sei getötet worden.]

Der Sultan ließ aber nicht die Pauken schlagen, und auch die Emire begannen sich vor Ibn Osman in acht zu nehmen und fürchteten seine Angriffsstärke und Energie.

[Nachrichten aus Aleppo besagen, daß die Soldaten, die dorthin zum Feldzug ausgezogen waren, furchtbar in der Stadt gewütet hätten.]

Am Sonntag, dem 18., starb an-Nâsirî Muhammad ibn Qidjiq, der Trinkgefährte des Sultans. Der war ein Meister im Tanburaspiel und wohlbewandert in der Kunst der Melodien. Er war liebenswürdig, nett mit den Leuten, und er hatte einen spektakulären Leichenzug, wo die Vornehmen mitgingen, besonders auch die vornehmsten Sänger des Landes und alle Instrumentalisten; denn er war ihr Meister und stand dem Sultan nahe.

Am Donnerstag, dem 29., erschien ein Gesandter von Sultan Selim ibn Osman mit einem Schreiben an den Sultan, das die Nachrichten von jenem Sieg bestätigte, den er am Mittwoch, dem 6. Radjab, über Ismail Schah den Sophi errungen hatte. Die Soldaten Selim Schah ibn Osmans und die Soldaten Ismail Schahs begegneten sich an einem Platze nahe Tabriz namens Iskandaran, und dort fand eine fürchterliche Schlacht statt, von der die Haare ergrauen und der Verstand sich verwirrt – wenn nah und fern davon berichtet wird! Die Köpfe flogen von den Leibern herab – und die Soldaten eilten mit scheuenden Rossen ab; man tötete sich mit Schwertern, bis Blut wie Bäche floß – und der Kampf dauerte an, bis sich die Nacht dazwischen ergoß –, und die Leute wurden trunken von dieses Kampfes Wein – und die Pferde tanzten zum Klingenschlage fein –, und von den Soldaten wurden getötet mehr als man weiß an Zahl – und die anderen flohen und zerstreuten sich in Berg und Tal. – O welch furchtbare Stunde war eingetreten – die nicht Gott gefällt und nicht seinem Propheten! – Zunächst wurden die Soldaten Ibn Osmans geschlagen und ungezählte Soldaten getötet, sogar siebzehn von seinen Großemiren mit Standarten sollen gefallen sein und etwa die Hälfte seiner Soldaten. Als Ibn Osman diese Niederlage sah, gab er fast den Geist auf vor übermäßigem Zorn; dann trieb er seine Soldaten zum Kampf an, und die Energie der Soldaten wurde im Kampf stärker; sie kamen mit scharfen Schwertern zu Rande – und ihr ganzes Wesen verkündete: »Der Tod für Rache im Lande – ist besser als ein Leben in Schande!« – So sprangen sie gegen die Soldaten des Sophi wie brüllende Löwen mit Streichen – und verkauften ihr Leben, um ihr Ziel zu erreichen! . . .

Man sagte, daß Ibn Osman in seiner Heeresabteilung zwölftausend Flintenschützen hatte. Als diese auf die Soldaten des Sophi zumarschierten, wurde es katastrophal, und sie konnten diese Übermacht nicht ertragen. So wurde der Sophi besiegt und zog fliehend ab, und von seinen Soldaten wurden viel mehr getötet als von denen Ibn Osmans. Es heißt, der Sophi sei verwundet worden und mit wenigen Leuten entflohen, doch es stimmt nicht, daß er, wie es geheißen hatte, in der Schlacht getötet worden war. . . . Der Sieg Selim Schahs über Ismail Schah gehört zu den wundersamsten Ereignissen, wie es heißt:

> Ein Tag ist gegen uns und ein Tag für uns,
> Wir trauern einen Tag, sind froh am nächsten.

Schawwâl (19. November – 17. Dezember)

[Der Oberschatzmeister Khairbek ist gestorben.]

Der Sultan befahl Tuman Bay dem Dawâdâr und Barâkât ibn Mûsâ, die Beschlagnahme des Nachlasses von Emir Khairbek zu überwachen. Als sie damit anfingen, kam so viel zum Vorschein, wie einstmals bei Sâlâr an-Nâsirî. Am ersten Tag kamen 83.000 Dinar gemünztes Gold zum Vorschein. Der Sultan behauptete, als er damals die Augenkrankheit gehabt hatte, hätte er bei ihm 500.000 Dinar hinterlegt, aber davon bekam er nichts zu sehen, weil es nämlich unterirdisch versteckt war und man nicht wußte, wo. Khairbek starb ohne Testament und hatte seine Verpflichtungen gegenüber den Leuten nicht eingelöst, deren Bezüge (?) er gekürzt und deren Rechte er verletzt hatte. Als dem Sultan dieses Deposit verloren ging, zeigte er kein

Erbarmen für Khairbek; er ließ nicht an seinem Grabe den Koran vollständig rezitieren und bereitete ihm keine Totenfeier und spendete nicht einen Laib Brot als Almosen für seine Seele! – Dann kamen Edelmetalle, Juwelen und Ringsteine, Diamanten, Rubine, große Perlen und kostbare Dinge zum Vorschein; das wird auf 100.000 Dinar geschätzt. Darauf tauchten tausend Gewänder aus Ba'lbakki-Baumwolle auf und Wollgewänder, Zobelstücke, Luchs und Feh, Tuchstreifen und Kleider, Tuniken und Westen (?) aus Tuch und anderes, was auf 54.000 Dinar geschätzt wird. Auch kamen unzählige brokatene Schleier, Frauengewänder und Schmuck ans Licht, weil er mehr als sechzehn Nachlässe von Prinzessinnen, Damen und Adligen beschlagnahmt hatte, wer immer zur Zeit Ghûrîs gestorben war. Pferde, Maultiere und Kamele konnte man gar nicht zählen – und all das ging in die königlichen Vorratskammern. Auch hatte er Einkünfte und Immobilien, Häuser, Apartmenthäuser und Kneipen und anderes, deren Miete 10.000 Dinar im Jahr übersteigt. Jeden Tag kommt noch etwas Neues zutage, und man ist noch immer nicht fertig mit der Bestandsaufnahme, ganz zu schweigen von den Dingen, die unter der Erde vergraben und bei anderen Leuten sind – das ist noch ein Vielfaches davon. Sein Vermögen belief sich auf etwa 400.000 Dinar – aber mit all diesem Geld hatte Gott es ihm nicht eingegeben, bei seinem Tode den Sohn seines Meisters Sultan Khuschqadam mit etwas Geld zu unterstützen, um diesem in seiner Armut und bei seinen vielen Schulden zu helfen – und das wurde zu seinen Übeltaten gezählt. Keiner lobte ihn dafür nach seinem Tode, und so verlor er seinen weltlichen Besitz und seinen himmlischen Lohn.

Am Montag, dem 17., zog der edle *maḥmal* aus, und das war ein spektakulärer Tag, dessengleichen es in früheren Jahren nie gegeben hat. Vier prächtige Reitereinheiten waren in dem Zug, zunächst die von Djani Bek Qara, der den in Mekka stationierten Soldaten vorstehen sollte, und der war prächtig geschmückt. Dann die Einheit Sidi 'Omar ibn Mansûrs, der die erste Pilgergruppe leitete; der war auch prächtig, und er zeigte in seiner großartigen Bagage viele Dinge, die sich noch nicht einmal die Tausender-Emire leisten können. Dann kam die Einheit des Nâsirî Muhammad, des Sohnes des Sultans – der zog mit einer militärischen Einheit aus, mit zwei Trommeln und Pfeifen in Front und königlichen Bannern und zwei Reihen Rennkamelen mit Sätteln aus venezianischem Goldbrokat; die übrigen Sättel waren aus buntem Samt. Auch zogen in seiner Einheit eine Anzahl Rosse mit brokatenen Schabracken und gelbseidenen Überdecken, mit etwa zwei Reihen Pferden mit eingelegten Stahlrüstungen, ferner etwa zwanzig geschmückte Ladungen mit Gefäßen aus der Getränkekammer, z. B solchen aus Porzellan und Lapislazuli, Kristallglas und anderem, ferner geschmückte Ladungen mit Geräten aus der Gerätekammer, wie eingelegten Kannen oder tauschierten Schalen, Kerzenständern und anderen Dingen, durch die die Blicke verwirrt werden, und auch eine Sänfte aus gelbem geblümtem Tuch am Ende der Einheit. Und danach zog die Sänfte der Prinzessin, der Gattin des Sultans, vorbei, und das war das allerschönste, was man überhaupt an Sänften herstellen kann. Es war roter kaffischer Samt, mit Gold bestickt: Die Stickerei und der Grund des Stoffes waren verschlungene (?) Goldstreifen aus reinem venezianischem Gold, und darüber fünf Perlengehänge mit Einlagen aus Gold mit Edelsteinen, wie Badakhschanrubin und Türkis, und um die Bekleidung der Sänfte goldener und silberner Flitter in Streifen und vor der Sänfte vier Lampen mit Brokatschirmen und dreieckigen Quasten. Es heißt, man habe für die Prinzessin ein Bad aus Kupferplatten gemacht mit

Kupferbassins darin – höchst merkwürdig! – und Kesseln, aus denen heißes Wasser lief. Man sagt, die Ausgaben für diese Sänfte seien mehr als 20.000 Dinar gewesen. Was die Perlengehänge anlangt, so behauptet man, es seien diejenigen, die Sultan Qaitbays Gattin machen ließ, als sie auf Pilgerfahrt ging, und die man in ihrem Nachlaß fand. Hinter der Sänfte gingen vier Kamele – abgesehen von denen, die die Sänfte trugen –, die hatten rote Samtdecken mit Brokatstickerei, umrandet mit Gold- und Silberfransen. Vor der Sänfte liefen zwei Kameltreiber, und etwa zwanzig Eunuchen waren um sie herum. Hinter der Sänfte zogen etwa zwanzig flache Sänften (?) mit buntem Samt für die Familie der Prinzessin und andere, die sich angeschlossen hatten . . . Aber die Prinzessin selbst zog an diesem Tage nicht aus. Die Sänfte wurde durch Kairo geführt und dann zur Zitadelle zurückgebracht, bis die Prinzessin hinabstieg. . . . Und der Sultan saß an diesem Tage am Erker des Schlosses und schaute sich das Spektakel an.

[Der Sultan will nach Alexandrien ziehen, und die Mamluken regen sich auf, weil es so kalt ist.]

Dhu'l-qa'da (18. Dezember–16. Januar)
Man sagt, daß der Sultan (auf dem Wege nach Alexandrien) begleitet war von einer Anzahl von Sängern und Instrumentalisten, von den allerbesten Musikern des Landes. Er zog mit großem Gepäck und prächtiger Ausrüstung fort, höchst komfortabel, mit viel Freude und Genuß . . .

Am Montag, dem 8., verkündete Tuman Bay, der Dawâdâr und Stellvertreter des Sultans, alles solle ruhig und sicher sein, der Handel solle ungehindert weitergehen; an jedem Laden solle abends eine Lampe aufgehängt werden, und kein Mamluk, kein Diener und kein schwarzer Sklave dürfe nach dem Nachtgebet mit Waffen ausgehen, und kein

Mamluk dürfe sein Gesicht verhüllen, wenn er zum Markt gehe – wer das tue, werde ohne Erbarmen gehängt. Und die Leute segneten ihn mit lautem Geschrei.

Dhu'l-hidjdja (17. Januar–14. Februar)
[Der Sultan kehrt mit gewaltigem Pomp zurück, nachdem er gesehen hat, daß der Hafen Alexandria völlig verödet ist.]

Am Donnerstag, dem 3., meuterten die Djulbân-Mamluken gegen den Sultan auf der Zitadelle. Sie bewarfen die Emire aus den Kasernen mit Steinen und wollten hinuntergehen, um die ganze Dekoration in Kairo zu zerstören. Der Sultan ließ das Zitadellentor, das Kettentor und das Tor des Hippodroms schließen. Als die Leute das hörten, gab es in Kairo gewaltige Aufregung; man riß den Schmuck im Nu herunter, und die Leute verteilten ihre Waren in die Vorratshäuser. Die Gerüchte wurden immer stärker, und die Tausender-Emire saßen zu Hause und verriegelten ihre Türen.

[Die Büros haben kein Geld, und es gibt keine Waren. Die Mamluken fordern Geld.]

Schließlich ergriffen sie ein Individuum aus dem Volke und sagten zu ihm: »Los, ruf im Namen des Sultans aus, daß jeder Sultansmamluk 100 Dinar bekommt, Sold plus Sonderlöhnung.« Der Mann konnte nichts machen, sondern mußte ausrufen, was sie ihm sagten; aber die Bekanntmachung stammte gar nicht vom Sultan.

Am Freitag, dem 4., hörte man, daß einer der Sultansmamluken, ein Zehner-Emir, sich an einem Strick aus der Hippodrom-Kaserne herabgelassen habe, als die Mamluken meuterten. Der Strick riß; er fiel zu Boden und starb sofort. Und die Mamluken hatten nun zwei Fraktionen, eine für und eine gegen den Sultan. Als die Zeit zum Freitagsgebet kam, ging der Sultan nicht hin, um das Gebet zu verrichten, und nur drei Tausender-Emire kamen herauf. Die Lage des Sultans war sehr kritisch, nachdem er von dieser Reise gekommen war, und seine Freude wurde ihm völlig verdorben. Der böse Blick hatte ihn wohl nach diesem großartigen Umzug getroffen, mit dem er eingezogen war!

Am Dienstag, dem 8., saß der Sultan im Hippodrom und verteilte die restlichen Opfertiere. Aber dieses Jahr war er geizig und hielt alle knapp. So strich er die Opfertiere für die Derwischklöster und die Mausoleen in der Qarâfa und auch für die Klausen der Ausländer, und die waren deswegen sehr enttäuscht. Dann ordnete er an, einigen Derwischklöstern in der Qarâfa Geldbeutel mit ein paar Dirhem zu geben, z. B. dem Mausoleum von Imâm Schâfiî und Imâm Laith. Er strich auch die Opfertiere für die Rechtsgelehrten und Zivilbeamten, die sonst welche aus der Privatschatulle und der Schatzkammer bekamen. ... Und Opfertiere waren dieses Jahr überaus teuer, ja, überhaupt nicht zu bekommen, weil die Mamluken die Fellachen nicht in Ruhe ließen. Deswegen kam wenig Ware hinein, und dieses Jahr war die Lage gar nicht in Ordnung.

Am Dienstag, dem 16., stieg der Sultan zum Hippodrom hinab und zahlte den Jung-Mamluken den Sold für diesen Monat. Dann ließ er die vornehmsten Obersten der Kasernen kommen, schnauzte sie an und sagte: »Wenn ihr jemand anders zum Sultan haben wollt – ich, ich, ich trete für ihn vom Thron ab. Schickt mich irgendwohin, wohin es euch paßt!« Sie küßten den Boden vor ihm und sagten: »Wir haben keinen Meister als dich, und wir sterben nur unter deinen Füßen; wir brauchen keine Sonderlöhnung, wir sind auch ohne das zufrieden – gib oder gib nicht, wie du willst.« Da sagte der Sultan: »Schickt den Henkersknecht los, der soll verkünden, daß es nichts mit der Sonderlöhnung ist ...«

Am Morgen des Samstag hörte man, daß der Sultan den

Djulbân-Mamluken angekündigt hätte, es gebe doch Son-
derlöhnung, 50 Dinar für jeden, aber den Qarânisa gäbe er
nichts. Bei den Djulbân-Mamluken waren einige mit 50
Dinar zufrieden, aber andere sagten: »Wir nehmen nur 100
Dinar!« ... und die Leute meinten, es werde eine große
Meuterei geben.

Am Mittwoch, dem 24., kam eine Gruppe von den Sultansmamluken, die in dem Feldzug nach Aleppo gezogen
waren. Der Sultan hatte ihnen Order geschickt, zurückzu-
kommen, aber sie hatten das nicht geglaubt. Sie hatten auf
dieser Expedition Schlimmes erlitten wegen der Teuerung in
Aleppo und hatten ihre Pferde und Waffen und Uniformen
verkauft, um etwas zu essen zu bekommen. Aber die Einwohner von Aleppo hatten auch Schlimmes von ihnen er-
lebt; denn sie drangen in ihre Häuser ein und raubten ihre
Sachen und vergewaltigten die Frauen; sie störten die Kaufleute in Aleppo und rissen ihnen die Waren weg. Man hörte
sogar, daß ein Mamluk ein kleines, etwa dreijähriges Mädchen defloriert habe, und sie soll gestorben sein; aber das
letztere stimmt nicht. Es heißt auch, sie hätten mehr als
einmal die Frauen in den Bädern überfallen und sie von dort
entführt ...

[Gute Nachrichten kommen über die glückliche Ankunft
der Sultansfamilie in Mekka und die Art, wie Scharîf Barakât sie geehrt hat.]

Das Jahr 921 d. H.

Muharram (15. Februar–16. März)
Es kam ein Gesandter von Selim Schah ibn Osman mit
einem Schreiben Selims Schahs an den Sultan. Darin stand,
daß einer der Söhne Schahsuwars ibn Dhulgadir mit seinem
Onkel, Ali Daulat, wegen des Landes seines Vaters in Streit
geraten war. Er hatte sich über ihn geärgert und zu Ibn
Osman gewandt. Selim Schah stellte sich auf seine Seite und
schickte, den Sultan zu bitten, dem Ibn Schahsuwar das
Land seines Vaters zu geben, das in Ali Daulats Hand war.
Der Sultan war nicht damit einverstanden und ärgerte sich
an diesem Tag maßlos über diese Nachricht. Er beriet sich
mit den Emiren, denn dieser Konflikt zwischen ihm und Ibn
Osman könnte sich möglichweise ausweiten.

Man hörte an diesem Tag auch, daß Ibn Osman den Ibn
Schahsuwar mit seinen Soldaten unterstützt, sich unerwartet dorthin gewandt und seinen Onkel 'Ali Daulat überfallen
habe. Es gab eine fürchterliche Schlacht zwischen ihnen, in
der Ali Daulats Sohn und Enkel getötet wurden und auch
eine große Zahl seiner Soldaten. 'Ali Daulat habe sich in der
Festung Zamantu versteckt, und Ibn Osman ließ nicht von
ihm ab. Den Sultan bekümmerten diese Nachrichten. Man
hörte auch, daß Ibn Osman in seinem Schreiben an den
Sultan sich ganz gewaltig groß getan habe und von sich als
»Majestät« und vom Sultan als »Hoheit« gesprochen habe –
und das ist eine Geringschätzung des Sultans! Aber dieser
Selim Schah war überaus töricht, zettelte gern Aufstände an
und vergoß viel Blut. Er hatte seine Brüder und ihre Kinder
getötet, darunter sogar Säuglinge – so töricht war er!

Sonntag, den 4., ging der Sultan zum Hippodrom, besichtigte die Soldaten der fünften Kaserne und sagte: »Macht eure Ausrüstung zum 1. Rabi 'al-awwal fertig, da reist ihr nach Indien wegen der Störmanöver der Europäer im Indischen Ozean!«

Am Montag, dem 12., ernannte der Sultan einen Gardisten namens Djanim..., der sehr gescheit war, er solle sich als Gesandter zu Ibn Osman wenden; und er schrieb durch ihn einen Brief als Antwort auf sein Schreiben, was die königliche Meinung hinsichtlich 'Ali Daulat und seines Neffen für richtig hielt; er bestimmte, er solle auf Postpferden reisen, so daß die Antwort schnell ankomme.

Am 21. kehrten die Pilger zurück... Als sie nach Kairo zurückkamen, priesen und lobten sie Sidi 'Omar, den Sohn von Sultan Mansur, der Leiter der ersten Gruppe, und breiteten weiße Fahnen für ihn in der Ramla aus, im Gegensatz zu Emir Toqtabay, der den Mahmalzug geleitet hatte. ...Was aber die Prinzessin, die Gattin des Sultans, und seinen Sohn anlangte, so hatte niemand etwas Gutes über sie zu sagen; denn die Prinzessin hatte an den Wasserplätzen keinerlei edle Sitten gezeigt, und keiner der Pilger hatte von ihr so viel wie nur ein Stück Zucker oder eine Schachtel Zuckerwerk gesehen, und alle, die mit ihnen waren, kehrten zurück und klagten über Hunger...

> Wie manchen fetten Mensch hat Gott erschaffen,
> Mit sehr viel Geld, doch Magerkeit im Spenden –
> So wie die Trommel, die von fern man höret,
> Ihr Inneres jedoch ist völlig leer.

Der Grund war, daß diese (Gattin des Sultans) das erbärmlichste und absolut geizigste Geschöpf Gottes ist. Keiner der Leute konnte irgendwie an die Vorräte, und der Sohn des Sultans war klein und konnte nicht über das Gepäck verfügen...

Am Montag, dem 10., hörte man, daß in der Nacht aus der Münze in der Zitadelle innerhalb des Sultanshofes 8.000 Dinar und etwas darüber gestohlen worden seien, von dem neuen Geld, das der Sultan wegen der Sonderlöhnung hatte prägen lassen. Weg war es, und niemand wußte, wer das getan hatte. Als der Sultan das erfuhr, zwang er die Werkführer, die in der Münze arbeiteten, das zu erstatten, was gestohlen worden war, und so ging es dahin, und kein Hahn krähte danach.

Am 13. drängten die Mamluken darauf, ihre Sonderlöhnung schnell zu erhalten. So holte der Sultan aus den Vorratsräumen der Schatzkammer viele Gegenstände aus den Nachlässen der Prinzessinnen und der Damen, die gestorben waren und deren Nachlaß der Sultan sich angeeignet hatte – Stoffe, Schleier mit Brokat und Ambra, Kristallgefäße und tauschierte Waren und anderes, und er holte noch viele andere Dinge hervor, Überwürfe, Schleier, Kleider aus Baʻlbekki-Baumwolle und solche aus zyprischer Wolle und anderes, was mit etwa 50.000 Dinar bewertet wird. Dann ließ er die Kaufleute kommen und zwang sie, diese Waren zu überhöhten Preisen zu kaufen und machte ihnen die Hölle heiß . . . Der Aufseher der Gerätekammer zwang die Kaufleute, die Gelder zu zahlen, und zwar in kürzester Zeit, wegen der Sonderlöhnung. So hatten die Kaufleute riesigen Schaden und verloren an den Wollkleidern die Hälfte, weil sie mottenzerfressen waren, und ebenso verloren sie an den anderen Stoffen . . .

[Auch die Beamten müssen Geld herbeibringen.]

Rabîʻ I (15. April – 14. Mai)

[Am 16. wird dem Scharîf Barakât von Mekka ein großes Fest gegeben.]

Am Montag, dem 22., hörte man, daß Khuschqadam, der Aufseher der Scheunen, geflüchtet sei, und mit ihm eine Anzahl von Sultansmamluken. Er hatte ein Boot mit sechzehn Rudern vorbereitet, und es heißt, er habe rund zehn Mamluken mitgenommen und habe Ägypten ungehindert verlassen. Man hörte auch, er habe sich zu Selim Schah ibn Osman begeben, und es hieß, einer seiner Brüder sei ein Emir bei Selim ibn Osman; deswegen sei er gegangen. Khuschqadam stammte von den Mamluken Sultan Ghûrîs; der hatte ihn gekauft und ihm den Rang eines Zehner-Emirs gegeben und ihn erst zum Leiter der Gruppe der Stockträger gemacht und dann als Aufseher über die Scheunen eingesetzt. Vorher hatte er den Statthalter von Djidda vertreten. So blieb es eine Weile; dann konfiszierte der Sultan sein Vermögen und nahm ihm etwa 5.000 Dinar ab. Nun war Khuschqadam mit der Tochter Djani Beks verheiratet, dem Sekretär des Intendanten des Privatbüros, und als der Sultan den Djani Bek festnahm, befahl er Khuschqadam, sich gegen seinen Willen von seiner Frau scheiden zu lassen – und wie man sagt, hatte er Kinder von ihr. Vielleicht zwang er ihn auch, das Geld zu bringen, das sein Schwiegervater noch schuldete, und das konnte Khuschqadam nicht aufbringen. So nahm er seinen Mut zusammen und flüchtete ins Land Ibn Osmans... Einige Superkluge fürchteten, daß Khuschqadam es dem Ibn Osman schmackhaft machen würde, ins Land des Sultans einzumarschieren und ihm das als eine leichte Sache zu zeigen.

Am Freitag, dem 26., starb Qani Bay Qara, der Großstallmeister, der mit den Soldaten in Aleppo gewesen war. Er starb plötzlich und unerwartet und nach nur fünf Tagen Krankheit, so daß man meinte, einer seiner Feinde habe ihn vergiftet... Er war hochgewachsen, von fülligem Körper, sehr dunkelfarbig, leicht ergraut und war für Tapferkeit und

Reiterkunst berühmt; er spielte mit der Lanze und wurde daher auch »Lanzenwerfer«, *rammâḥ,* genannt. Aber er war übermäßig gierig, tyrannisch und grausam und handelte so schlecht wie nur möglich. Er verschlang das Vermögen der Leute ohne Recht, und wenn er seine Hand auf eine Fromme Stiftung oder einen Nachlaß legte, verschlang er den bis zum letzten, und wenn er jemand etwas abkaufte, schluckte er auch den Preis und zahlte nichts, und wenn er einen Handwerker oder Krämer beschäftigte, gab er ihm irgendwie keinen Lohn, so daß der unbefriedigt von ihm ging. Der Sultan hatte ihn zum Kommandanten der Soldaten gemacht, die nach Aleppo gingen, und er zeigte sich in den Gegenden um Aleppo und Damaskus überaus grausam und requirierte in den Gebieten von Damaskus und Aleppo ganz viele Waren wegen der Fußsoldaten, die vor den Mamluken kamen. Er tyrannisierte die Leute und nahm eine Menge Schafe von den Fellachen in den Weilern – etwa dreißigtausend Schafe oder auch mehr. Einmal hatte der Sultan ihn bestimmt, in die Ostprovinz zu ziehen, weil die Beduinen so unruhig waren, und wenn immer er einen schwachen Fellachen fand, zweiteilte er den oder zog ihm die Haut von Kopf bis Fuß ab, und er tat das auch mit einer Anzahl von Vornehmen, von denen er behauptete, es seien aufständische Beduinen. So heißt es wenigstens. Seine schlechten Seiten waren zahlreicher als seine guten; er war überaus hart und äußerst ungebildet, und nun gab Gott den Leuten Ruhe vor ihm. Als er starb, sagte keiner etwas Gutes über ihn. Und ich sagte diesen netten Scherz:

> Die Hölle sprach zu Qani Bay:
> »Nun nimm dich nur in acht –
> Es brennt mein Feuer schon ganz heiß
> Aus Sehnsucht, dich zu sehn!«

Ich bitte Gott um Verzeihung und wende mich reuevoll zu ihm; aber ich wollte doch etwas von seinen Schlechtigkeiten erwähnen, damit sich die Lebenden ein abschreckendes Beispiel nehmen und man dann vielleicht etwas Besseres über sie sagen kann.

[Am Monatsende bitten die Emire den Sultan, seinen elfjährigen Sohn zum Nachfolger Qani Bays als Oberstallmeister zu machen. Das geschieht auch im folgenden Monat.]

Djumâdâ I (13. Juni–12. Juli)

[Der Sultan schickt dem abreisenden Scharîf Barakât von Mekka ein überaus reiches Abschiedsgeschenk.] Darunter war ein Dolch, von dem behauptet wird, er habe einem der Prophetengenossen gehört, und der Sultan ließ den Namen des Scharîfen Barakât darauf eingravieren und mit Gold auslegen. Er schickte ihm auch vier ganz spezielle Schwerter, mit Gold tauschiert, und vier goldtauschierte Rüstungen und zwei königliche Flaggen mit Stahlschäften, die eine aus gelber Seide mit Gold bestickt und die andere aus einfacher gelber Seide, für die Feldzüge. Er sandte ihm auch eine Sänfte mit gelbem Tuchüberzug, und vorher hatte er ihm schon eine Menge Pferde, Kamele, Dromedare, Maultiere und Waffen für die Mamluken, die mit ihm waren, geschickt, und er blendete ihn mit der Fülle der Ehrengaben und machte ihn ganz schwindlig mit Geschenken . . .

Am Dienstag, dem 20., zahlte der Sultan die Sonderlöhnung an die Soldaten aus, die nach Indien bestimmt waren. Er gab jedem Mamluken 50 Dinar und versprach ihnen, den Sold von sechs Monaten im voraus zu zahlen, bevor sie abfuhren. Es heißt, er habe eine Anzahl Mamlukennachkommen dispensiert – solche, die über körperliche Schwäche klagten oder Syphilis hatten. Nun verkündete er ihnen das öffentlich und sagte: »Wer die Reise übers Meer nicht verträgt, soll mir's sagen, dann dispensiere ich ihn.« Und das wurde zu seinen guten Taten gerechnet.

Djumâdâ II (13. Juli–10. August)
Am Mittwoch, dem 6., wurde der schafiitische Oberqadi abgesetzt... Dann verlieh der Sultan dem Oberqadi Muh-yîddîn ibn an-Naqîb ein Ehrenkleid und ernannte ihn zum Oberqadi. Das war das sechste Mal, daß er dieses Amt in Ägypten bekleidete – erstmals unter Sultan Djanbulat und fünfmal unter Ghûrî. Als er das Ehrenkleid im Pavillon im Hofe angelegt hatte, zog er in prächtigem Zug von der Zitadelle hinab; die drei Oberqadis, alle schafiitischen Hilfs-richter, der Intendant der Privatschatulle und der Intendant des Heeres-Diwans und andere Vornehme gingen vor ihm. Wie üblich wandte er sich zur Sâlihiyya-Madrasa. Er hatte sich dieses Mal mit 3.000 Dinar bemüht, abgesehen von den Dienstleistungen an den Großdawâdâr und den zweiten Da-wâdâr und den Geheimsekretär. Es heißt, er habe für diese sechs Male mehr als 30.000 Dinar ausgegeben. Diesmal wurde er am Mittwoch eingesetzt, und das ist immer ein unglücklicher Tag, und die Leute prophezeiten schon, daß er auch diesmal nicht lange im Amt bleiben würde, weil er es an einem Mittwoch angetreten hatte. Und all dies gewaltige Vermögen ging ihm verloren – hätte er sich wenigstens von seinem Geld einmal ein halbes Pfund Zucker oder ein Hühnchen zugute getan und sich satt gegessen! Aber was über seinen Geiz und seine übermäßige Habsucht erzählt wird, ist unter den Leuten bekannt und braucht nicht weiter erläutert zu werden. Wie man sagt:

> Er hält seinen Kot einen Monat im Bauch,
> Aus Furcht, daß er hungrig würde, wenn er sich entleerte,
> Und weint, weil er das Essen verdaut,
> Wie ein Waisenkind seinen Vater beweint...

Am Montag, dem 25., erschien ein Gesandter von Selim Schah, dem König von Byzanz. Er stieg zur Zitadelle hinauf, als der Sultan auf der Steinbank im Hof saß. Als er vor ihm erschien, brachte er die Köpfe von 'Alî Daulat, seinem Sohn, und seinem Wezir mit, in einer Schachtel. Als diese dem Sultan gebracht wurden, ärgerte ihn das, und er sagte: »Was schickt der mir diese Köpfe – sind das Köpfe von europäischen Königen, die er besiegt hat, was schickt er mir?« Dann gab er dem Präfekten die Köpfe, damit er sie begrabe.

Am Dienstag, dem 26., verließ der Sultan die Duhaischa nicht und ging nicht zum Hippodrom hinab, und es hieß, er habe Medizin genommen und sei krank. Am Montag hatte er einen Schock erlitten, als der Gesandte Ibn Osmans mit dem Kopf 'Alî Daulats erschienen war. An diesem Tag gab es eine harte Diskussion zwischen dem Sultan und den Emiren, und sie redeten sehr grob mit ihm und sagten: »O Herr Sultan, der größere Teil des Gebietes von Aleppo ist nicht mehr in unserer Hand, sondern in Ibn Osmans Hand; man predigt dort in seinem Namen und schlägt die Münze in seinem Namen, und er hat angefangen, am Bugras-Paß einen Turm zu bauen und einen anderen am Bâb al-Malik – und hier sitzt der Sultan, die Hände in kaltem Wasser! Die Lage im Land ist ganz übel, und die meisten Untertanen in Aleppo und anderswo – wegen der Grausamkeit und Ungerechtigkeit der Statthalter neigen die jetzt Ibn Osman zu, weil der gerecht zu seinen Untertanen ist. Und das ist doch nicht gut!« Den Sultan ärgerten die Worte der Emire, aber er unterdrückte seinen Zorn. Doch ging er an diesem Tag nicht zum Hippodrom hinab und sprach auch nicht Recht unter den Leuten.

Radjab (11. August–9. September)

[Es ist wieder nahe an einer Meuterei, weil ein Mamluk getötet worden ist.] Am Montag, dem 10., saß der Sultan im Hippodrom und inspizierte die Soldaten, die für Indien bestimmt waren. Sie trugen volle Uniform, und er rief jeden mit Namen auf. Als er damit fertig war, verlieh er dem Rais Salmân al-'Uthmânî eine rote Samt*kâmiliyya* mit Zobel und ernannte ihn zum Kommandanten der nach Indien bestimmten Schiffe. Zum zweiten Kommandanten ernannte er Jaschbek, einen Zehner-Emir, und als dritten einen Menschen namens Demirdasch der Kreter, der war von Herkunft ein Europäer. Er hatte kretischen Wein verkauft und war dadurch bekannt geworden – und nun gab der Sultan ihm den Posten eines Zehner-Emirs und machte ihn zum Kommandanten, und das war einer der großen Irrtümer der Zeit!

Am Montag, dem 24., ritt der Dawâdâr von Raidâniyya nach Khankah. Da ist etwas, das zu den guten Taten des Emirs Tuman Bay zählt: Ein Armer an der Tür der Schaikhô-Moschee, der wollte 100 Dinar in Gold, ein Kamel und einen Sklaven, damit er sich ins Hidschaz (zur Pilgerfahrt) begeben könnte. Und er tat das lange Zeit und bettelte (?) die Emire an und war so unverschämt und beschimpfte sie derartig, daß es ihnen unmöglich war, durch die Salîba zu gehen. Eines Tages nun schickte ihm Tuman Bay der Dawâdâr 50 Dinar, ein Kamel und einen Sklaven und sagte: »Nun los ins Hidschaz!« Da sagte der Arme zu ihm: »Nimm mich mit nach Jerusalem, damit ich das auch besuche, bevor ich auf Pilgerfahrt gehe!« So nahm er ihn mit, als er nach Nablus reiste – und das gehört zu den merkwürdigen, reizenden Geschichten vom Dawâdâr; denn er war gut und quälte die Leute wenig, im Gegensatz zu denen, die ihm im Amt vorausgegangen waren.

[Am Donnerstag, dem 27., setzt der Sultan den schafiiti-schen Oberqadi Ibn an-Naqîb ab.] Er blieb nur fünfzig Tage im Amt, nicht mehr. Und keiner trauerte ihm nach.

[Am 28. stirbt ʿAbdul Barr ibn Schihna, der ehemalige hanafitische Oberqadi.]

Schaʿbân (10. September–8. Oktober)

[Der Gesandte Djanim, der zu Selim Schah geschickt wor-den war, kommt zurück und berichtet, wie schlecht er be-handelt worden sei und daß der vor einiger Zeit geflüchtete Khuschqadam gegen den Sultan arbeite.]

Als Khuschqadam eine feste Stellung bei Ibn Osman hat-te, begann er, den Sultan bei ihm schlecht zu machen, und erzählte ihm von den verschiedenen ungerechten Aktionen des Sultans: Er informierte ihn, was den Händlern passiert war, z. B. wie ihnen jeden Monat wöchentliche und monatli-che Sonderabgaben auferlegt worden waren, und er berich-tete über die Fälschung von Gold- und Silbergeld und über viele derartige Dinge, ja, sogar über die Anzahl der ägypti-schen Soldaten und welcher Art sie waren. Er erzählte ihm auch alles von den Qadis, wie sie Bestechungsgelder für juristische Urteile nahmen, und er machte es Selim Schah schmackhaft, gegen das Land des Sultans zu marschieren, und stellte ihm das als leicht hin, und er redete ihm ein, Schiffe nach Alexandrien und Damiette zu schicken – und da begann Ibn Osman gierig zu werden, Ägypten in Besitz zu nehmen.

Ramadân (9. Oktober–7. November)

[Der Sultan will nach Alexandrien reisen, um die neu errich-teten Festungstürme zu inspizieren.]

In der Nacht zum Freitag, am 4. Ramadân, stürzte das Dach der Klause des Schaikhs Abûʾl-ʿAbbâs al-Basîr – Gott hab ihn selig! – zusammen, das am Kharaq-Tor nahe am Kanal lag. Unter den Trümmern wurden ein Mann und ein kleiner Junge getötet, und die, die darin zur Zeit des Abendgebetes beteten, flüchteten und wurden gerettet; nur diese beiden starben.

Während der Sultan abwesend war, banden die Djulbân-Mamluken einen eisernen Haken an einen Strick, knoteten ihn und hängten ihn an den Erker der Kaserne über dem Tor des Arsenals. Daran glitten sie hinunter, innerhalb des Sultanshofes, und als sie zum Erker kamen, fanden sie nahe bei ihm vier *toquziât* (Geschenke von neun Stück, hier offenbar Waffen) mit Silbereinlage. Sie schnappten sie und nahmen sie mit. Als es Tag wurde, erschien der Arsenaldirektor, und (die Angestellten) informierten ihn darüber, und er sah den Strick am Erker hängen. Er schrieb ein Protokoll darüber, aber es nützte nichts, und die Sache wurde nicht weiter verfolgt.

Am Donnerstag, dem 14., ernannte der Sultan den Husâmuddîn Mahmûd, Sohn des verstorbenen Oberqadis 'Abdul Barr ibn Schihna, zum hanafitischen Oberqadi, nachdem Schamsuddîn as-Samâdîsî abgesetzt worden war. Der hatte das Amt für ein Jahr, zehn Monate und acht Tage innegehabt und war ein besonderer Freund des Sultans und auch sein Imam gewesen. Aber Husâmuddîn ibn Schihna bemühte sich gegen ihn mit 3.000 Dinar, um das Qadi-Amt zu bekommen. Husâmuddîn war jung, hatte wenig wissenschaftliches Kapital und gehörte nicht zu den richtig guten hanafitischen Rechtsgelehrten, wie sie eigentlich das Amt des Oberqadis innehaben sollten. Aber dem Sultan ist ja keiner lieber, als wer ihm Geld bringt, und so geschah es. Aber die meisten Leute meinten, das Amt sei viel zu viel für Husâmuddîn.

Schawwâl (8. November–6. Dezember)
Am Dienstag, dem 18., passierte etwas Sonderbares. Der Sultan ging zum Hippodrom, setzte sich und ließ einen Juden namens Jûsuf Schanschû vor sich bringen, der ursprünglich ein europäischer Kaufmann war und Türkisch konnte. Dann wurde er Aufseher in der Münze, und es hieß, er habe noch Geld zu zahlen gehabt von dem Rest der Konfiskationen und eine alte Rechnung – und das waren 12.000 Dinar. Aber er versäumte, das Defizit auszugleichen. Deshalb schickte der Sultan ihn in die Maqschara. Dort blieb er einige Tage, aber brachte nichts von dem, was ihm auferlegt war. So ließ ihn der Sultan vor sich bringen, brachte Folterwerkzeuge und ließ seine Fersen zusammenpressen, mitten im Hippodrom. Als der Schmerz zu stark wurde, bekehrte er sich zum Islam und sprach: »Es gibt keine Gottheit außer Gott, Muhammad ist der Gesandte Gottes, und ich sage mich von jedem Glauben außer dem Islam los!« Die anwesenden Soldaten und andere Leute riefen alle: »Gott ist groß!« Aber der Sultan kümmerte sich nicht um seine Bekehrung und ließ ihn weiter mit dem gelben Turban laufen. Dann befahl er Jahjâ ibn Nukar, dem Dawâdâr des Präfekten, ihn an den Präfekten zu übergeben, damit der ihn foltere und das gesamte Geld aus ihm heraushole, und sagte: »Muslime gibt's reichlich, und so einen braucht der Islam nicht!« Da schlug Ibn Nukar ihn in Fesseln und brachte ihn hinunter, um ihn zu foltern und das Geld aus ihm herauszupressen.

In diesem Monat verbreitete sich ein Gerücht unter den Leuten. Der Sultan hatte den Perser, den Spaßmacher, der sein Vertrauter war und ihn erheiterte, am Ende des Monats Ramadân zu den Statthaltern von Damaskus und Aleppo geschickt, mit zwei Elefanten als Geschenk, für jeden Statthalter einen. Nun hieß es, der Spaßmacher sei auf merkwürdige Weise gestorben, aber es gab verschiedene Versionen über seinen Tod, und bis jetzt weiß man nichts Richtiges darüber, und es wird viel darüber geredet. Dieser Perser war ein Clown (?), ein Spaßmacher, der mit Bronzebecken auf einem Stock auf den Märkten jonglierte, und als der Sultan ihn zu sich nahm und ihm Gutes erwies, wurde er einer der führenden Leute im Reich: er ritt mit einem Läufer vor sich und durchquerte Kairo so, und die Emire ehrten ihn außerordentlich und standen auf, wenn er zu ihnen kam, und das taten auch die Staatsbeamten und andere Beamte. Man sagte, als er in Damaskus eintraf, geschah das in prächtigem Aufzug, und die Stadt Damaskus wurde für ihn geschmückt, als er mit den Elefanten durchzog, die der Sultan geschickt hatte. Es heißt, der Statthalter von Damaskus habe ihm etwa 1.000 Dinar geschenkt und ebenso der Statthalter von Aleppo. Er erwarb vom Sultan reichliche Güter, Tuniken mit Zobel und Luchs und viele andere Sachen, und auch von den Emiren und den Vornehmen, und die Leute pflegten ihn zu bitten, ihre Angelegenheiten beim Sultan vorzubringen – und so sah er Ehre und Glanz im ägyptischen Lande wie keiner von denen, die vor ihm den Königen nahestanden. Und diese hohe Stellung des Persers gehörte zu den großen Irrtümern der Zeit, wie man sagt: »Kein Zweig ist gut, dessen Wurzel schlecht ist, und keiner ist rein, dessen Ruhm erst neu ist.« Aber es stimmte nicht, daß er gestorben war.

[Am 26. meutern die Djulbân-Mamluken wieder, weil sie zu wenig Geld bekommen.] Als die Sitzung sich lange hinzog und die Boten, die mit Botschaften zwischen dem Sultan und den Mamluken hin und her liefen, müde wurden, stand der Sultan vom Hippodrom auf; denn es war Zeit, das Freitagsgebet zu verrichten. Als er hinaufstieg, sperrten die Mamluken vor ihm das Sieben-Stiegen-Tor zu, und dann warfen sie aus den Kasernen Steine auf ihn und ließen ihn nicht in den Hof – und es hieß, ein Stein habe ihn an der *takhfîfa* getroffen. Sie beschimpften ihn aus den Kasernen mit den gemeinsten Ausdrücken. Als der Sultan das sah, hatte er Angst, erniedrigt zu werden, und kehrte zum Hippodrom zurück, ging vom Tor des Hippodroms am Araber-Hof heraus, wandte sich nach Rôda und setzte zum Nilometer über. Dann befahl er den Bootsleuten, keinen Emir oder Mamluken überzusetzen, bevor er sich mit dem Sultan beraten habe. – Als die Stunde des Gebets nahte, stiegen eine Anzahl Emire zur Zitadelle, und als sie hörten, daß der Sultan zum Nilometer gegangen war, beteten sie in der Zitadelle. Dann gingen sechzehn Tausender-Emire hinab zum Sultan, um ihn zu beruhigen wegen der Mamluken und dem, was sie ihm angetan hatten. Als sie beim Sultan waren, sagte der: »Ich mach' nicht mehr mit, Sultan zu sein. Setzt 'nen andern ein, wen ihr wollt.« Und er blieb diese Nacht am Nilometer und die Emire auch. Als es Zeit zum Abendgebet war, kam eine große Anzahl Djulbân-Mamluken von der Zitadelle und wollten die Häuser der Emire ausrauben, aber dann hinderten sie sich gegenseitig. So zerstörten sie ein paar Läden in der Salîba, mit Kerzen und Süßigkeiten und Brot und so, und das ging die ganze Nacht so weiter, und sie ärgerten die Leute und rissen ihnen Turbane und Gürtel weg, und die hatten dadurch größten Schaden in dieser Nacht.

Und als Samstag, der 29., kam, wandten sich alle Tausender-Emire und die Vierziger- und Zehner-Emire, die Ämter hatten, zum Sultan, und Atabeg Sudun al-'Adjamî und die übrigen küßten den Boden vor ihm, damit er aufstünde und zur Zitadelle hinaufginge und seinen Mamluken nicht mehr zürne. Der Sultan zerriß sein Gewand und weinte, bis ihm schwarz vor Augen wurde, und sie spritzten ihm Wasser ins Gesicht, während er sagte: »Ich brauch' aber das Sultanat nicht mehr; schickt mich doch irgendwohin, wo ihr wollt, und laßt den Großemir regieren!« Da bekam der Großemir Angst und erschrak vor der Rede des Sultans, und er schöpfte Verdacht.

[Schließlich ergeben sich die Mamluken, und] wenn nicht Gottes Gnade gewesen wäre, der diese Meuterei bald niederschlug, dann hätten die Djulbân-Mamluken die Stadt und die Stoffmärkte und die Häuser der Emire und der Vornehmen geplündert und hätten getötet, wen immer sie wollten unter den Emiren. Und wenn sie das getan hätten, wäre es ihnen über den Kopf gewachsen, denn in diesen Tagen war alles erlaubt. Aber Gott beruhigte die Situation, und Lob sei Gott dafür!

[Hier endet der vierte Band der Chronik. Der Anfang des fünften Bandes berichtet dann, wie sich die Situation weiter verschlechtert und wie die Osmanen schließlich im Sommer (1516) in Nordsyrien einmarschieren. Der Sultan führt seine unter sich zerstrittenen Soldaten und einen gewaltigen Troß nach Aleppo, wo es schließlich bei Mardj Dâbiq zur Entscheidungsschlacht kommt, in der zahllose Mamluken fallen. Auch der Sultan überlebt die Schlacht nicht:]

Am Mittwoch, dem 21. Radjab, zog der Sultan nach Mardj Dâbiq, ohne zu beachten, daß Mittwoch ein Unglückstag ist. [Dann begibt er sich zur Schlacht, vor ihm der Kalif, rings um ihn Fromme mit vierzig Koranexemplaren in gelbseidenen Futteralen, sowie die Derwische der großen Sufi-Orden mit ihren Fahnen. Zu Anfang der Schlacht gewinnen die Qarânisa-Mamluken die Oberhand, merken aber, daß die Djulbân-Mamluken sich zurückhalten, und lassen in ihrem Kampfeseifer nach.] Als die Soldaten um ihn herum nacheinander wegliefen, wandte der Sultan sich an die Derwische und Schaikhs, die ihn umgaben, und sagte zu ihnen:

»Betet zu Gott für den Sieg – jetzt ist der Augenblick für euer Gebet!« Doch es fand sich kein Helfer für ihn und keine Stütze, und sein Herz wurde von einem Feuerbrand ergriffen, der sich nicht löschen ließ. Es war ein überaus heißer Tag, und zwischen den beiden Heeren war so viel Staub, daß sie einander nicht mehr sehen konnten. Ja, es war ein Tag von Gottes Zorn, der sich über Ägyptens Soldaten ergoß, und ihre Hände waren wie gefesselt, so daß sie nicht mehr kämpften. Als alles immer mehr durcheinander ging und die Lage immer schrecklicher wurde, fürchtete Timur, der Waffenmeister, für die Fahne; er nahm sie ab, rollte sie zusammen und verbarg sie. Dann trat er zum Sultan und sagte: »O Herr Sultan, die Soldaten Ibn Osmans haben uns erreicht – rette dich und flieh nach Aleppo!« Als der Sultan das als wahr befand, traf ihn auf der Stelle ein Schlag, der seine eine Seite lähmte und seine Kinnbacken erschlaffen ließ. Er verlangte Wasser; das brachte man ihm in einem goldenen Gefäß. Da trank er ein wenig und wandte sein Pferd, um zu fliehen. Nach zwei Schritten fiel er vom Pferd zu Boden. Nach etwa einem Grad (4 Minuten) gab er den Geist auf und starb vor heftigem Zorn. Man sagt auch, ihm sei die Galle geplatzt und hellrotes Blut sei aus seinem Munde gekommen. Und es heißt auch, als er sah, daß er besiegt war, habe er einen Diamantring (mit Gift) verschluckt, den er bei sich hatte, und als das seinen Magen erreichte, habe er das Bewußtsein verloren, sei vom Pferd gefallen und sofort gestorben. Das sind so Gerüchte . . .

[Die Osmanen töten zahlreiche Emire.]

Aber als der Sultan tot war, wußte man nichts von ihm, und niemand hatte eine Spur von ihm, und sein Leichnam tauchte nicht unter den Gefallenen auf – als hätte die Erde sich aufgetan und ihn sofort verschlungen. Die Osmanen trampelten mit ihren Pferden auf den Koranexemplaren herum, die um den Sultan gelegen hatten, und das Koranexemplar 'Uthmâns ging verloren und auch die Fahnen der Derwische und die Standarten der Emire, und alles wurde geplündert, und in einem einzigen Augenblick hatte die Herrschaft Aschraf Ghûrîs geendet, als ob es sie nie gegeben hätte – und gepriesen sei Er, dessen Herrschaft nicht aufhört und sich nicht wandelt!

[Später rekapituliert Ibn Iyâs nochmals die Ereignisse und bemerkt:]

Es ist seltsam, daß er nicht in seiner Madrasa begraben wurde, für die er rund 100.000 Dinar ausgegeben hatte, sondern in die Wildnis geworfen wurde, wo ihn Wölfe und reißende Tiere fraßen! Er starb mit etwa achtundsiebzig Jahren. Aber das Allerseltsamste ist, daß der Eunuch Mukhtass, der die Fundamente von Ghûrîs Madrasa gelegt hatte und dem er sie während der Konfiskation gewaltsam abgenommen hatte, ihn gebeten hatte, ihm doch in der Madrasa einen Platz zu überlassen, wo er begraben werden könnte. Aber Ghûrî verweigerte ihm das, und nun verweigerte Gott ihm ein Begräbnis in seiner Madrasa, und man weiß nicht, wo sein Grab ist. Das ist eine Mahnung zum Nachdenken!

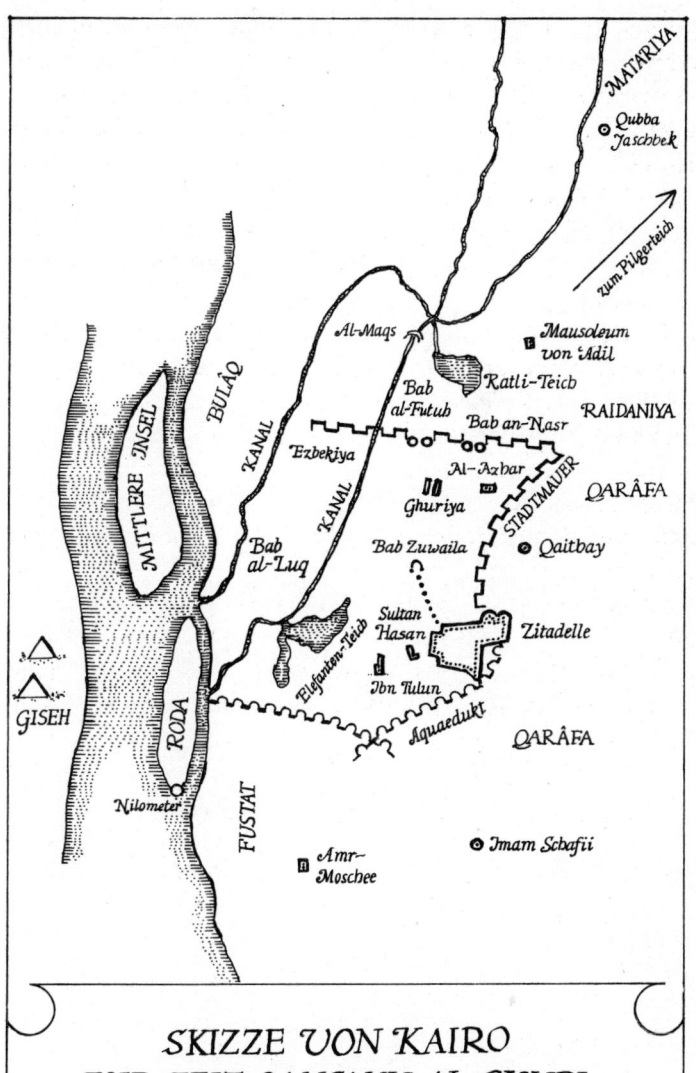

MATARIYA

Qubba
Jaschbek

zum Pilgerteich

Al-Maqs

BULÂQ

MITTLERE INSEL

KANAL

KANAL

Mausoleum
von ʿAdil

Ratli-Teich

Bab
al-Futuh

Bab an-Nasr

RAIDANIYA

Ezbekiya

Al-Azhar

STADTMAUER

QARÂFA

Ghuriya

Bab
al-Luq

Bab Zuwaila

Qaitbay

Elefanten-Teich

Sultan
Hasan

Zitadelle

GISEH

RODA

Ibn Tulun

Aquaedukt

QARÂFA

Nilometer

FUSTAT

Amr-
Moschee

Imam Schafii

SKIZZE VON KAIRO
ZUR ZEIT QANSAUH AL-GHURIS

Bibliographische Hinweise

Quelle für diese Übersetzung ist:

Ibn Iyâs, *Badâ' i' az-zuhûr fî waqâ'i' al-duhûr,* Vol. IV und V, hg. von P. Kahle und M. Mostafa unter Mitwirkung von M. Sobernheim, Istanbul 1931–36; Indices von A. Schimmel, Istanbul 1945. Neue Aufl. durch M. Mostafa seit 1964

Französische Übersetzung von Band IV und V:

Gaston Wiet, *Journal d'un bourgeois du Caire,* 2 vols., Paris 1955, 1961

Ferner:

Abû'l-Maḥâsin ibn Taghrîbirdî's *Annals, entitled al-Nujûm az-zâhira fî mulûk Miṣr wa' l-qâhira,* ed. W. Popper, University of California, Berkeley 1920–23, 1926–29, 1932–36; Übersetzung 1954–63

Extracts from Ibn Taghribirdi's Chronicle entitled Ḥawâdith alDuhûr fî maḍâ'l-ayyâm wa'l- shuhûr, 4 vols., ed. W. Popper, University of California, Berkeley 1932–42

Al-Qalqashandî, *Ṣubḥ al-a'shâ fî ṣinâ'at al-inshâ',* 14 vols., Kairo 1332–38 h [1914–20]

Zusammengefaßt in:

Walter Björkman, *Beiträge zur Geschichte der Staatskanzlei im islamischen Ägypten,* Hamburg 1928

Al-Maqrîzî, *Al-mawâ'iẓ wa'l-i'tibâr fî dhikr al-khiṭaṭ wa'l-âthâr,* 4 vols., Kairo 1326 h [1908]

É. Quatremère, *Histoire des sultans mamelouks* (Übersetzung von Maqrîzîs *Sulûk*), Paris 1837–44

Für Einzelheiten siehe aus der großen Zahl der Publikationen:

Ahmad 'Abd ar-Raziq, *La Femme au Temps des Mamlouks en Égypte,* Paris 1978

David Ayalon, »Notes on the Furūsiyya Exercises and Games in the Mamluk Sultanat«, *Studies in Islamic History and Civilization*, Jerusalem 1961

ders., *L'esclavage du Mamelouk*, Jerusalem 1951

ders., *Studies on the Mamluks of Egypt*. Variorum Reprints, London 1977 (eine Sammlung von zehn Aufsätzen zu verschiedenen Aspekten der Mamlukenherrschaft)

Max van Berchem, *Matériaux pour un Corpus Inscriptionum Arabicarum*, Vol. I a, b, Cairo, Paris 1894

Michael W. Dols, *The Black Death in the Middle East*, Princeton 1977

Barbara Flemming, »Šerîf, Sultan Gavrî und die Perser«, *Der Islam* 45 (1969)

dies., »Literary Activities in Mamluk Halls and Baracks«, *Studies in memory of Gaston Wiet*, ed. Miryam Rosen-Ayalon, Jerusalem 1977

Maurice Gaudefroy-Demombynes, *La Syrie à l'époque des Mamelouks d'après les auteurs arabes*, Paris 1923

Ulrich Haarmann, »Auflösung und Bewahrung der klassischen Form arabischer Geschichtsschreibung in der Zeit der Mamluken«, *ZDMG* 121 (1791)

ders., »The Sons of Mamluks as Fief-holdes in Late Medieval Egypt«. In: Tarif Khalidi, *Land Tenure and Social Transformation in the Middle East*, 1984 o. O.

H. Halm, *Ägypten nach den mamlukischen Lehnsregistern*, 2 Bde, Wiesbaden 1979, 1982

Louis Hautecoeur et Gaston Wiet, *Les Mosquées du Caire*, Paris 1923

W. Heyd, *Geschichte des Levantehandels im Mittelalter*, Stuttgart 1879

Jacques Jomier, *Le Mahmal et la caravane égyptienne des pélerins de la Mecque*, Paris 1952

Barbara Langner, *Untersuchungen zur historischen Volkskunde Ägyptens nach mamlukischen Quellen,* Berlin 1983

J. D. Latham and W. F. Paterson, *Saracen Archery,* The Holland Press 1970

L. A. Mayer, *Mamluk Costume,* Genf 1952

M. Mostafa, »Beiträge zur Geschichte Ägyptens zur Zeit der türkischen Eroberung«, *ZDMG* 1935 (NF 14)

W. Muir, *The Mamluke or Slave Dynasty of Egypt,* London 1896, repr. Amsterdam 1968. Überholt, aber zumindest eine historische Zusammenfassung.

C. F. Petry, *The civilian elite of Cairo in the later Middle Ages.* Princeton 1981

Yûsuf Râgib, »Al-Sayyida Nafîsa, sa légende, son culte et son cimetière«, *Studia Islamica* 44 (1976), 45 (1977)

J. Sauvaget, »Noms et surnoms de Mamelouks«, *Journal Asiatique* 238 (1950)

Annemarie Schimmel, »Kalif und Kadi im spätmittelalterlichen Ägypten«, *WI* 1943

dies., »Sufismus und Heiligenverehrung im spätmittelalterlichen Ägypten«, *Festschrift Caskel,* Leiden 1968

dies. »Some Glimpses of the Religious Life in Egypt during the later Mamluk Period«, *Islamic Studies* IV. 4, 1965

E. Strauß, »Prix et salaires à l'époque mamlouke«, *Revue des Études Islamiques,* 1949

J. Wansbrough, »A Mamluk ambassador to Venice in 913 [1507]«, *Bulletin of the School of Oriental and African Studies* 26 (1963)

Gaston Wiet, *L'Égypte Arabe.* (G. Hanotaux, ed., Histoire de la Nation Égyptienne, Vol. IV) Paris 1926

A. Zajaczkowski, »Poezje stroficzne *muvaššah* mamelukkiego sultana Qanṣūh (Qansav) Ġavrī«, *Rocznik orientalistyczny* 27 (1964) [Studie von Qansauh al-Ghûrîs strophischen Gedichten.]

Glossar

adjnâd al-ḥalqa, die Reservetruppe   16

aghâ, Vorsteher und Meister einer Gruppe von Jungmamlu-
ken in der Kaserne   13

amîr akhûr kabîr, Oberstallmeister, »Marschall«   15

amîr madjlis, Sitzungs-Emir, mit der inneren Verwaltung
beauftragt   15, 48, 120

amîr silâḥ, Waffen-Emir, für die Rüstung zuständig   15

aschrafî, von Sultan Aschraf Barsbay eingeführtes hochwer-
tiges Goldstück   10, 89, 91, 133, 141

'âschûrâ, 10. Muharram, Erinnerungstag an den Tod des
Prophetenenkels Husain in der Schlacht von Kerbela
680   75, 80, 143

atâbeg, höchster Militärbefehlshaber, Vertreter des Sultans   15, 20, 35, 56

Bahrî-Mamluken, die in der Nil-Insel Roda ausgebildeten
Mamluken, deren Führer von 1250–1382 an der Macht
waren   10

ba'lbekkî, feine Baumwolle aus Baalbek   38, 148, 190, 198

bân, ägyptische Weide, *salix aegyptiaca L.*   117

Burdji-Mamluken, die in den Türmen, *burdj,* der Zitadelle
ausgebildeten Mamluken, deren Führer von 1382 bis 1517
an der Macht waren   10

dawâdâr, »Tintenfaßhalter«, Vorsteher der königlichen
Kanzlei   15, 16, 17, 33, 55, 109

Dinar, denarius, Goldstück von wechselndem Wert

Dirhem, drachme, Silbermünze

djulbân, die in den Kasernen befindlichen Jung-Mamluken   14, 27, 52, 67, 81, 87, 119, 160, 170, 177, 180, 181,
193, 195, 206, 208, 209, 210

218

stellt wurde und außerordentlich hoch geschätzt wird. Daher hat das Vorlesen des *Ṣaḥîḥ* besondere Segenswirkung   19, 78

saifiyya, Mamluken, die aus anderem Besitz in den Besitz des Sultans übergegangen sind   15

Schaikh ul-Islam, der am höchsten angesehene theologische Jurist des Landes, später: höchster geistlicher Beamter   85

Scharîf, Nachkomme des Propheten

ṭablkhâna, kleines Militärorchester, das an der Tür der höheren Emire spielt   14

takhfîfa, leichte Kopfbedeckung der Mamluken, die später jedoch immer mehr vergrößert wurde   22, 98, 133, 166, 175, 209

Tarbûsch, leichte Woll- oder Filzkappe, die unter dem Turban getragen wird

tatariyya, enges Gewand, das die früheren Mamluken trugen   22

toquziât, von Türkisch *toquz,* »neun«, wohl ein aus neun Teilen bestehendes Geschenk, da nach türkisch-zentralasiatischer Sitte alles neunfach gegeben werden soll   206

ustâdâr, Majordomus, der mit der Aufsicht über den königlichen Haushalt betraut ist   17

waqf, Fromme Stiftung, durch den Willen des Stifters der allgemeinen Nutzung entzogen und für bestimmte, fromme Zwecke ausgewiesen; ein *waqf* ist steuerfrei   17

zadjal, Gedicht in volkstümlicher Form und Sprache   69

zagharît, kehliges lautes Getriller, das die Frauen bei allen aufregenden Ereignissen hören lassen   21

Register der wichtigsten Personen- und Ortsnamen

Goldmann
Classics

D. H. Lawrence
Lady Chatterley's Lover
7806

Thomas Hardy
Jude the Obscure
7807

Mark Twain
Life on the Mississippi
7808

Lewis Carroll
Alice's Adventures in
Wonderland   7809

Oscar Wilde
The Picture of Dorian
Gray   7811

Henry James
The Turn of the Screw
7810

GOLDMANN

GOLDMANN CLASSICS

Walt Whitman
Leaves of Grass
7800

Joseph Conrad
Heart of Darkness and
the Secret Sharer   7802

Emily Brontë
Wuthering Heights
7801

Jane Austen
Emma
7803

Geoffrey Chaucer
The Canterbury Tales
7804

Francis Hodgson Burnett
A Little Princess
7805

GOLDMANN

AUSGEWÄHLTE TEXTE

SÖREN KIERKEGAARD 11037

LEONARD BERNSTEIN 11038

AUGUSTINUS 11039

THORWALD DETHLEFSEN 11035

LOU ANDREAS-SALOMÉ 11042

PABLO PICASSO 11044

JEAN-JACQUES ROUSSEAU 11043

SCHÖPFUNGSMYTHEN 11034

GOLDMANN

AUSGEWÄHLTE TEXTE

DESMOND TUTU 11025

H. D. THOREAU 11026

ROMANO GUARDINI 11027

DALAI LAMA 11028

DEUT. MYSTIKERINNEN 11029

A. SCHOPENHAUER 11032

C. F. v. WEIZSÄCKER 11030

HELMUT SCHMIDT 11031

J. KRISHNAMURTI 11033

GOLDMANN

Leonard Bernstein

DIE BIBLIOTHEK ARABISCHER KLASSIKER EINE REIHE FÜR SAMMLER

Die Bibliothek Arabischer Klassiker gibt es auch in einer
bibliophilen Ausgabe. Die Bände sind in Kunstleder gebunden
und mit einer aufwendigen Goldprägung versehen.
Zahlreiche farbige Bildtafeln altarabischer Buchkunst ergänzen
diese hochwertige Ausgabe.

Ibn Ishâq
Das Leben des Propheten
290 Seiten, DM 45,–
ISBN 3 522 62010 0

Abu l-Faradsch
**Und der Kalif beschenkte
ihn reichlich**
Auszüge aus dem
‚Buch der Lieder‘
238 Seiten, DM 45,–
ISBN 3 522 62020 8

Al-Mas'ûdi
Bis zu den Grenzen der Erde
Auszüge aus dem
‚Buch der Goldwäschen‘
242 Seiten, DM 45,–
ISBN 3 522 62030 5

Usâma ibn Munqidh
**Ein Leben im Kampf gegen
Kreuzritterheere**
262 Seiten, DM 45,–
ISBN 3 522 62040 2

Al-Hamdhâni
Vernunft ist nichts als Narretei
260 Seiten, DM 45,–
ISBN 3 522 62050 X

Löwe und Schakal
Altarabische Fabeln
240 Seiten, DM 45,–
ISBN 3 522 62060 7

Ibn Challikân
Die Söhne der Zeit
Auszüge aus dem biographi-
schen Lexikon ‚Die Großen,
die dahingegangenen‘
272 Seiten, DM 45,–
ISBN 3 522 62070 4

Ibn Dschubair
Tagebuch eines Mekkapilgers
298 Seiten, DM 45,–
ISBN 3 522 62100 X

Al-Qazwini
**Die Wunder des Himmels
und der Erde**
266 Seiten, DM 45,–
ISBN 3 522 62110 7

Ibn Iyâs
**Alltagsnotizen eines
ägyptischen Bürgers**
230 Seiten, DM 45,–
ISBN 3 522 62130 1

In jeder Buchhandlung erhältlich

EDITION ERDMANN